50 Folktales
for Learners of
Korean

외국인 학습자를 위한 전래 동화 50선

50 Folktales
for Learners of
Korean 외국인 학습자를 위한 전래 동화 50선

Written by	Kim Soon-lye, Oh Myong-hui
Translated by	Jamie Lypka
First Published	August, 2024
First Printing	August, 2024
Publisher	Chung Kyudo
Editor	Lee Suk-hee, Lee Hyeon-soo, Baek Da-heuin
Cover design	Simply Kim
Interior design	Simply Kim
Illustrated by	Sunnu Rebecca Choi
Voice Actor	Kim Rae-whan, Shin So-yoon

🏛 DARAKWON

Darakwon Bldg., 210 Munbal-ro, Paju-si
Gyeonggi-do, Republic of Korea 10881
Tel : 02-736-2031 **Fax** : 02-732-2037
(Marketing Dept. ext.: 250~252, Editorial Dept. ext.: 420~426)

ISBN 978-89-277-3338-6 13710

http://www.darakwon.co.kr
http://koreanbooks.darakwon.co.kr
Visit the Darakwon homepage to learn about our other publications and promotions and to download the contents in MP3 format.

50 Folktales
for Learners of
Korean

외국인 학습자를 위한 전래 동화 50선

Kim Soon–Iye, Oh Myong–hui

 **DARAKWON**

머리말

외국인 학습자를 위한 전래 동화 50선은 옛날부터 전해져 오는 50가지 이야기를 외국인 한국어 학습자의 눈높이에 맞게 교육적으로 각색한 책입니다. 인류 보편적 감정과 가치에 뿌리를 두고 있으면서도 이야기를 전승하는 사람들의 정서와 가치관, 문화, 역사를 담고 있습니다.

외국인 학습자를 위한 전래 동화 50선의 모든 이야기는 전문 성우의 목소리로 녹음되어 있습니다. 이야기를 들으며 등장인물의 대화에 담긴 한국인의 언어 습관을 엿볼 수 있고, 전래 동화에 자주 등장하는 의성어와 의태어에 익숙해질 수 있습니다. 그뿐만 아니라 '남의 떡이 커 보인다', '혹 떼러 갔다가 혹 붙여 온다'와 같은 속담이나 '청개구리 같다', '놀부 심보'와 같은 재미있는 관용 표현의 의미와 사용 맥락을 익힐 수 있습니다.

하나의 이야기로 드라마, 영화, 게임 등 다양한 형태로 바꾸어 즐기는 것이 익숙한 요즘, 그 어느 때보다 이야기의 힘이 중요하다고 할 수 있습니다. 전 세계적으로 사랑받는 한국 이야기의 뿌리를 거슬러 올라가면 전래 동화라는 옛이야기를 찾을 수 있습니다. 한국의 옛이야기를 즐기며 한국인과 한국 문화에 한 발짝 더 가까워지는 계기가 될 수 있기를 소망합니다.

끝으로 이 책이 나오기까지 많은 도움을 주신 다락원 한국어출판부 편집진께 감사드립니다.

저자 김순례, 오명희

Preface

50 Folktales for Learners of Korean selects 50 stories that have been educationally adapted to suit the ability of foreign learners of the Korean language. They are rooted in universal human emotions and values, and also contain the sentiments, values, culture, and history of those who pass them on.

All of the stories in **50 Folktales for Learners of Korean** have been recorded with the voices of professional voice actors. While listening to the stories, readers can get a sense of the linguistic habits of Koreans that are contained in the characters' conversations, and become familiar with onomatopoeia and mimetic words that frequently appear in traditional folktales. In addition to this, readers can learn the meaning and context of usage for proverbs like "남의 떡이 커 보인다" ("for another person's rice cake to look bigger than your own") and "혹 떼러 갔다가 혹 붙여 온다" ("to go to have a lump removed and come back with a lump added on"), and fun idiomatic expressions such as "청개구리 같다" ("to be like a green frog") and "놀부 심보" ("a Nolbu state of mind").

These days, when we're used to enjoying a single story transformed into various formats such as TV dramas, movies, games, etc., we might say that the power of a story is more important than ever. If you look back to the roots of Korean stories that are attracting love from all around the world, you can find the stories we call folktales. We hope that this will become an opportunity to get a step closer to Korean people and Korean culture, all while enjoying Korea's old stories.

Finally, we'd like to thank the editorial staff in Darakwon's Korean Book Publishing Department who provided so much help right up through the release of this book.

The authors Kim Soon-lye, Oh Myong-hui

일러두기

이 책은 한국인에게 친숙하고 재미있는 전래동화 50개를 선별하여 난이도에 따라 제시하였습니다. 이야기별로 등장하는 주요 어휘 난이도의 등급은 국제 통용 한국어 표준 교육과정을 기준으로 하였습니다.

A2 1번 ~ 15번 : 2급 수준 어휘

B1 16번 ~ 30번 : 3급 수준 어휘

B2 31번 ~ 50번 : 4급 수준 어휘

본문은 한국어와 영어를 함께 제시하여 외국인 학습자들의 이해를 도왔습니다.

각 이야기마다 QR 코드를 통해 전문 성우의 목소리로 본문을 실감 나게 들을 수 있습니다.

이야기의 주요 상황을 보여 주는 삽화가 함께 실려 있어서 내용의 이해를 돕고 있으며, 과거 한국 사람들의 생활 모습과 문화를 엿볼 수 있습니다.

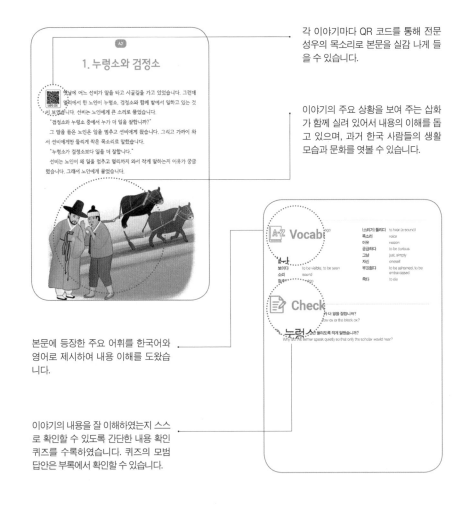

본문에 등장한 주요 어휘를 한국어와 영어로 제시하여 내용 이해를 도왔습니다.

이야기의 내용을 잘 이해하였는지 스스로 확인할 수 있도록 간단한 내용 확인 퀴즈를 수록하였습니다. 퀴즈의 모범 답안은 부록에서 확인할 수 있습니다.

How to Use This Book

This book selects 50 traditional folktales that are fun and familiar to Korean people and presents them according to difficulty level. The difficulty levels of the major vocabulary used in each story have been based on the International Standard Korean Language Curriculum.

A2 Stories 1-15: Vocabulary level 2

B1 Stories 16-30: Vocabulary level 3

B2 Stories 31-50: Vocabulary level 4

The main texts have been presented with an English translation to assist foreign learners in understanding

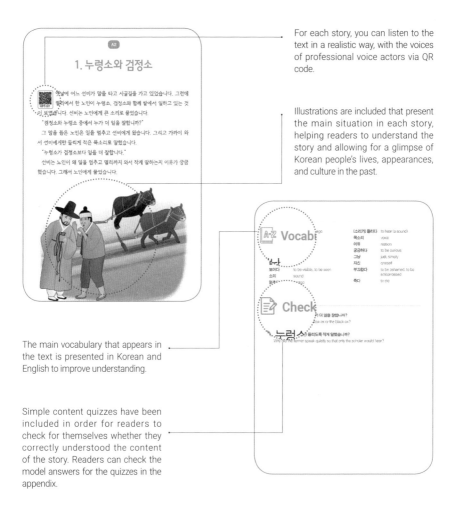

For each story, you can listen to the text in a realistic way, with the voices of professional voice actors via QR code.

Illustrations are included that present the main situation in each story, helping readers to understand the story and allowing for a glimpse of Korean people's lives, appearances, and culture in the past.

The main vocabulary that appears in the text is presented in Korean and English to improve understanding.

Simple content quizzes have been included in order for readers to check for themselves whether they correctly understood the content of the story. Readers can check the model answers for the quizzes in the appendix.

목차
CONTENTS

50 Folktales
for Learners of
Korean

외국인 학습자를 위한 전래 동화 50선

1. 누렁소와 검정소

옛날에 어느 선비가 말을 타고 시골길을 가고 있었습니다. 그런데 멀리에서 한 노인이 누렁소, 검정소와 함께 밭에서 일하고 있는 것이 보였습니다. 선비는 노인에게 큰 소리로 물었습니다.

"검정소와 누렁소 중에서 누가 더 일을 잘합니까?"

그 말을 들은 노인은 일을 멈추고 선비에게 왔습니다. 그리고 가까이 와서 선비에게만 들리게 작은 목소리로 말했습니다.

"누렁소가 검정소보다 일을 더 잘합니다."

선비는 노인이 왜 일을 멈추고 멀리까지 와서 작게 말하는지 이유가 궁금했습니다. 그래서 노인에게 물었습니다.

"그냥 거기에서 말씀하셔도 되는데 왜 여기까지 와서 작게 말씀하십니까?"

"누렁소와 검정소가 모두 열심히 힘들게 일을 하고 있는데 누렁소만 일을 잘한다고 하면 검정소가 기분이 나쁘지 않겠습니까?"

이 말을 들은 선비는 자신이 부끄러웠습니다. 그 후로 선비는 죽을 때까지 다른 사람에 대한 안 좋은 이야기를 하지 않으며 살았습니다.

The Yellow Ox and the Black Ox

Once upon a time, a scholar was riding a horse along a country road. However, he saw in the distance that an old man was working in a field with a yellow ox and a black ox. The scholar asked the old man in a loud voice,

"Which one works better, the black ox or the yellow ox?"

Hearing this, the old man stopped his work and came over to the scholar. And when he came close to the scholar, he spoke in a quiet voice so that only the scholar would hear.

"The yellow ox works better than the black ox."

The scholar was curious as to the reason why the old man had stopped his work and come from afar to speak in a quiet voice. So he asked the old man.

"You could have just told me from over there. Why did you come here and speak in a quiet voice?"

"The yellow ox and the black ox are both working hard, so if I say that only the yellow ox is doing well, won't the black ox's feelings be hurt?"

Hearing this, the scholar was ashamed of himself. Afterwards, he lived without saying an unkind word about another person until the day he died.

옛날	the past, long ago	(소리가) 들리다	to hear (a sound)
선비	scholar	목소리	voice
시골길	country road	이유	reason
멀리	far away	궁금하다	to be curious
노인	old man	그냥	just, simply
밭	field	자신	oneself
보이다	to be visible, to be seen	부끄럽다	to be ashamed, to be embarrassed
소리	sound	죽다	to die
멈추다	to stop		
가까이	close		

Check the Contents!

❶ 누렁소와 검정소 중에서 누가 더 일을 잘합니까?

Who works better, the yellow ox or the black ox?

❷ 왜 농부는 선비에게만 들리도록 작게 말했습니까?

Why did the farmer speak quietly so that only the scholar would hear?

2. 삼 년 고개

옛날 어느 마을에 넘어지면 3년밖에 살 수 없는 고개가 있었습니다. 그래서 사람들은 그 고개를 '삼 년 고개'라고 불렀습니다. 어느 날 한 할아버지가 삼 년 고개를 지나가다가 넘어졌습니다. 할아버지는 생각했습니다.

'아, 이제 나는 3년밖에 살 수 없겠구나!'

집에 돌아온 할아버지는 아무것도 하고 싶지 않았습니다. 평소에 좋아하던 음식도 맛이 없어졌고 일도 하고 싶지 않았으며 모든 것이 귀찮았습니다. 그렇게 며칠이 지나자 결국 할아버지는 병이 나고 말았습니다. 이 소식을 들은 할아버지의 딸이 아버지를 찾아왔습니다. 딸은 아버지에게 말했습니다.

"아버지, 걱정하지 마세요. 삼 년 고개에서 계속 넘어지면 돼요. 한 번 넘어지면 3년, 두 번 넘어지면 6년, 세 번 넘어지면 9년, 이렇게 여러 번 넘어지면 더 오래 살 수 있으니 얼마나 좋아요."

"그래, 우리 똑똑한 딸 덕분에 오래 살 수 있게 되었구나!"

할아버지는 딸과 함께 삼 년 고개로 뛰어갔습니다. 그리고 한 번 넘어지면서 말했습니다.

"3년이다!"

다시 일어섰다가 넘어지면서 말했습니다.

"6년이다!"

할아버지는 이렇게 넘어지고 또 넘어졌습니다. 할아버지는 오래 살 수 있다고 생각하니까 여러 번 넘어져도 아프지 않고 힘이 났습니다. 할아버지의 병은 이제 다 나았습니다. 그렇게 여러 번 넘어진 할아버지는 똑똑한 딸 덕분에 아프지 않고 건강하게 오래오래 살았다고 합니다.

Three Year Hill

Once upon a time in a certain village, there was a hill where if you fell down it, you could only live for 3 more years. So the people called the hill "Three Year Hill." One day, an old man was passing over Three Year Hill when he fell down. The old man thought,

'Oh! Now I can only live for 3 more years!'

Returning home, the old man didn't want to do anything at all. The food he usually liked had no taste, he didn't want to do any work, and everything felt bothersome. After a few days passed like that, the old man ended up getting sick. Having heard this news, his daughter came to see him. The daughter spoke to her father.

"Father, don't worry. All you have to do is keep falling down Three Year Hill. It's 3 years if you fall down once, 6 years if you fall down twice, 9 years if you fall down three times, and if you keep falling down multiple times, you can live for even longer. How wonderful."

"That's right, thanks to my clever daughter, I can live for a long time!"

The old man ran to Three Year Hill with his daughter. And as he fell over once, he said,

"That's 3 years!"

He got up again, and as he fell over, he said,

"That's 6 years!"

The old man fell over again and again like this. Because he thought that he could live a long time, even though he fell over several times, he wasn't hurt and grew stronger. Now he was cured of his illness. It is said that, thanks to his clever daughter, the old man who fell over several times like this wasn't hurt and lived a long and healthy life.

Vocabulary

마을	village	걱정	to worry
넘어지다	to fall over	이렇다	like this, in this way
지나가다	to pass by	오래	a long time
이제	now	똑똑하다	to be clever
아무것	anything	덕분	thanks to
평소	ordinary, usual	뛰어가다	to run to
귀찮다	to be bothersome	일어서다	to stand up
결국	finally, at last	힘	strength
소식	news	(병이) 낫다	to get better, to be cured
찾아오다	to come to see		

Check the Contents!

❶ 이 고개의 이름은 왜 '삼 년 고개'입니까?

Why is this hill named "Three Year Hill"?

❷ 할아버지는 왜 삼 년 고개에서 계속 넘어졌습니까?

Why did the old man continue to fall down Three Year Hill?

3. 훈장님의 꿀단지

 옛날 어느 서당에 아이들 몰래 꿀을 꺼내 먹는 훈장님이 있었습니다. 그날도 훈장님은 단지에서 뭔가 몰래 꺼내 먹고 있었는데 한 아이가 그것을 보았습니다. 아이는 훈장님에게 무엇을 먹고 있는지 물어보았습니다. 그러자 훈장님이 말했습니다.

"이건 어른들만 먹는 약이야. 아이들이 먹으면 죽을 수 있어."

며칠 후 훈장님이 일이 있어서 잠시 밖에 나갔습니다. 아이들은 훈장님이 없을 때 꿀단지에 있는 꿀을 조금씩 맛을 보다가 너무 맛있어서 다 먹었습니다. 그런데 멀리에서 훈장님이 오는 것이 보였습니다. 아이들은 울기 시작했습니다.

"으앙, 우린 이제 어떡해. 으앙!"

그때 갑자기 한 아이가 훈장님이 아끼는 꽃병을 바닥에 던졌습니다. 훈장님이 방 안에 들어와서 아이들에게 물었습니다.

"너희들 무슨 일이 있었던 거야?"

훈장님의 꽃병을 던진 아이가 말했습니다.

"훈장님, 정말 죄송합니다. 저희가 꽃병을 가지고 놀다가 실수를 해서 꽃병이 떨어졌는데요. 꽃병이 깨졌습니다. 그래서 저희는 죽으려고 훈장님의 단지에 있는 것을 다 먹었습니다."

훈장님은 처음에는 아끼는 꽃병이 깨진 것을 보고 화가 났지만 아이들의 말을 들은 후에는 자신의 행동이 부끄러워졌습니다. 그래서 아이들에게 아무 말도 할 수 없었습니다. 그 후로 훈장님은 아이들 몰래 꿀을 꺼내 먹지 않았다고 합니다.

The Village School
Teacher's Honey Jar

Once upon a time, in a certain village school, there was a school teacher who would take out some honey and eat it secretly, without the children knowing. On this day as well, the school teacher was secretly pulling something out from a jar and eating it, but a child saw this. The child asked the teacher what he was eating. And so the school teacher said,

"This is a medicine that only adults eat. If children eat it, they can die."

A few days later, the school teacher had some business to attend to, so he went outside for a moment. While the teacher was gone, the children tasted the honey in the honey jar bit by bit, and it was so delicious that they ate it all up. But then they saw their teacher coming back from far off. The children began to cry.

"Wah, what do we do now? Wahhh!"

Just then, one child suddenly took a vase that the teacher treasured and threw

it on the ground. The teacher came into the room and asked the children,

"What happened to you all?"

The child who had thrown the teacher's vase spoke.

"We are so sorry, Teacher. We were playing with the vase that you love, but we made a mistake and it fell. And so the vase broke. So we ate all of the stuff in your jar in order to die."

At first, the teacher saw the broken vase that he loved and was angry, but after hearing what the children said, he felt ashamed of his own behavior. And so he was unable to say anything to the children. After this, the teacher didn't secretly eat honey any longer.

A-Z Vocabulary

서당	village school (Confucian school)	바닥	ground
몰래	secretly, without anyone knowing	던지다	to throw
		너희	you (all)
꺼내다	to take out	저희	we (honorific)
물어보다	to ask	실수	mistake
어른	adult	떨어지다	to fall, to drop
조금씩	bit by bit	깨지다	to break
그때	then, at that time	화가 나다	to get angry
갑자기	suddenly	행동	action, behavior
아끼다	to treasure	아무	any
꽃병	vase	거	spoken version of "것(thing)"

Check the Contents!

❶ 훈장님이 아이들 몰래 무엇을 먹었습니까?
What did the school teacher eat without the children knowing?

❷ 왜 훈장님은 아이들에게 아무 말도 할 수 없었습니까?
Why couldn't the school teacher say anything to the children?

4. 은혜 갚은 쥐

 옛날 어느 마을에 마음이 착한 농부가 살았습니다. 하루는 농부가 친구와 함께 쌀을 가지러 곳간에 갔는데 쥐들이 농부의 쌀을 먹고 있었습니다. 농부의 친구가 쥐를 잡으려고 하니까 농부가 말했습니다.

"그냥 그대로 둬. 쥐도 먹어야 살지."

농부는 쥐가 편하게 먹을 수 있도록 쌀을 준비해 주었습니다. 그렇게 몇 달이 지나고 여름이 되자 며칠 동안 비가 많이 내렸습니다. 어느 날 밤 쥐들이 모여 이야기했습니다.

"이번 장마에 비가 너무 많이 와서 집이 곧 무너질 것 같아. 이 집은 안전하지 않아."

"그래, 집이 무너지면 농부는 죽을 거야."

"맞아, 우리는 은혜를 갚아야 해."

쥐들은 농부의 집 마당에 모였습니다.

"찍찍, 찍찍, 찍찍찍."

농부와 가족들은 시끄러워서 마당에 나왔습니다.

그러자 쥐들이 다 같이 춤을 추면서 집 밖으로 나갔습니다.

"찍찍, 찍찍, 찍찍찍."

농부와 가족들은 춤추는 쥐가 신기해서 쥐를 따라 바깥으로 모두 나갔습니다. 그때 갑자기 큰소리와 함께 농부의 집이 무너졌습니다. 무너진 집을 본 농부는 깜짝 놀랐습니다. 농부는 쥐들을 보고 말했습니다.

"너희들 덕분에 우리 가족이 살았어. 고맙다!"

The Mice that Repaid a Favor

Once upon a time in a certain village, there lived a kind-hearted farmer. One day, the farmer went to the storehouse with a friend to collect rice, but mice were eating the farmer's rice. The farmer's friend went to catch the mice, but the farmer said,

"Just leave them as they are. Mice have to eat to survive, too."

The farmer prepared some rice so that the mice could eat comfortably. A few months passed like this, and when summer came, it rained a lot for a few days straight. One night, the mice gathered and spoke.

"This rainy season, it's raining so much that I think the house is about to collapse. This house isn't safe."

"Yes, and if the house collapses, the farmer will die."

"Right, we have to repay his favor."

The mice gathered in the yard of the farmer's house.

"Squeak squeak squeak, squeak squeak squeak."

It was so loud that the farmer and his family came out into the yard.

And then all the mice began to dance together as they moved outside of the grounds of the house.

"Squeak squeak squeak, squeak squeak squeak."

The farmer and his family were amazed by the dancing mice so they followed them, and everyone went outside of the house. Just then, the farmer's house collapsed with a loud sound. Seeing the collapsed house, the farmer was shocked. He looked at the mice and spoke.

"Our family is saved because of you all. Thank you!"

Vocabulary

착하다	to be kind	곧	soon
농부	farmer	무너지다	to collapse, to fall down
쌀	rice	안전하다	to be safe
곳간	storehouse	마당	yard
잡다	to catch	시끄럽다	to be loud
그대로	like that, as is	신기하다	to be amazing
두다	to leave (something)	바깥	outside
편하다	to be comfortable	큰소리	loud sound
모이다	to gather	깜짝	with a startle
장마	rainy season	놀라다	to be surprised

Check the Contents!

❶ 농부는 쥐를 위해서 무엇을 준비했습니까?
What did the farmer prepare for the mice?

❷ 왜 쥐들이 춤을 추면서 집 밖으로 나갔습니까?
Why did the mice leave the house dancing?

5. 토끼의 재판

 옛날에 한 선비가 산길을 걷고 있었습니다. 그런데 어디에선가 우는 소리가 들렸습니다. 선비는 소리가 나는 곳으로 갔습니다. 그곳에는 큰 구덩이가 있었고 그 안에 호랑이가 빠져 있었습니다. 선비를 본 호랑이가 말했습니다.

"저 좀 꺼내 주세요."

"미안하지만, 난 네가 무서워서 꺼내 줄 수 없어. 꺼내 준 후에 나를 잡아먹을 수도 있잖아."

"아니에요. 저를 꺼내 주시면 안 잡아먹을게요. 약속할게요."

선비는 호랑이의 말을 믿고 호랑이를 꺼내 주었습니다.

구덩이 안에서 며칠 동안 아무것도 먹지 못한 호랑이는 밖으로 나오자마자 선비를 잡아먹으려고 했습니다. 선비는 놀라서 말했습니다.

"잠깐, 어떻게 은혜를 이렇게 갚을 수 있어?"

그때 소 한 마리가 지나가는 것이 보였습니다. 선비는 소에게 호랑이의 행동을 어떻게 생각하는지 물었습니다. 그러자 소가 말했습니다.

"사람들은 우리에게 일을 많이 시키고 나중에 잡아먹기까지 하니까 호랑이가 사람을 잡아먹어도 돼."

선비는 옆에 있는 나무에게 물었습니다. 선비의 이야기를 들은 나무는 말했습니다.

"사람들은 우리를 마음대로 자르니까 잡아먹어도 돼."

그때 토끼 한 마리가 오는 것이 보였습니다. 선비는 마지막으로 토끼에게 물었습니다. 토끼는 "글쎄요, 말로만 들으니까 잘 모르겠어요. 처음부터 어떻게 된 일인지 한번 직접 보여 주세요." 하고 말했습니다. 호랑이는 이해를 못 하는 토끼가 답답했습니다. 그래서 구덩이 안으로 뛰어 들어가면서 말했습니다.

"내가 이렇게 구덩이 안에 빠져 있었어!"

토끼는 선비에게 말했습니다.

"선비님, 저렇게 은혜를 모르는 호랑이는 도와주지 마세요."

선비는 토끼에게 고맙다고 인사하고 가던 길을 갔습니다.

The Rabbit's Trial

Once upon a time, a scholar was walking along a mountain road. But then he heard a crying sound from somewhere. The scholar went toward the source of the sound. There was a large pit, and a tiger had fallen inside of it. The tiger saw the scholar and said,

"Please get me out of here."

"I'm sorry, but I'm frightened of you so I can't get you out. After I get you out, you might eat me up."

"No. If you get me out, I won't eat you up. I promise."

The scholar believed the tiger's words and got the tiger out.

As soon as the tiger, who had been stuck in the pit unable to eat anything for several days, was out, he decided to eat up the scholar. The scholar was surprised and spoke.

"Wait a moment, how can you repay my favor like this?"

Just then, he saw a cow pass by. The scholar asked the cow what he thought of the tiger's behavior. So the cow said,

"People order us to work very hard and then later, eat us up, so it's fine for a tiger to eat people."

The scholar asked a nearby tree. Hearing the scholar's story, the tree said,

"People cut us down as they please, so it's fine for the tiger to eat you."

Then he saw a rabbit approaching. The scholar, for the last time, asked the rabbit. The rabbit said, "I'm not sure, it's hard to know just from hearing the story. Please show me yourselves what happened once more from the beginning." The tiger was frustrated by the rabbit who didn't understand. So as he jumped back into the pit, he said,

"I had fallen into the pit like this!"

The rabbit spoke to the scholar.

"Sir scholar, don't help tigers like that who have no sense of gratitude."

The scholar thanked the rabbit and went on his way.

 **Vocabulary**

산길	mountain road	마음대로	as one pleases
그곳	there, that place	자르다	to cut
구덩이	a pit	마지막	last, finally
빠지다	to fall into	한번	once
네	you	직접	oneself
무섭다	to be afraid	이해	understanding
잡아먹다	to eat up	답답하다	to feel frustrated
믿다	to believe	뛰다	to jump
시키다	to order	저렇다	like that, in that way

Check the Contents!

❶ 선비는 왜 호랑이를 구덩이에서 꺼내 주었습니까?

Why did the scholar get the tiger out of the pit?

❷ 나무는 왜 호랑이가 선비를 잡아먹어도 된다고 말했습니까?

Why did the tree say that it's fine for the tiger to eat up the scholar?

6. 도깨비와 내기하기

 옛날에 아주 똑똑한 할아버지가 있었습니다. 그런데 할아버지는 최근 몇 년 동안 흉년이 들어서 먹을 것이 이제 하나도 없었습니다. 너무 배가 고픈 할아버지는 도깨비와 내기를 해서 먹을 것을 얻고 싶었습니다. 그래서 할아버지는 도깨비가 나타나는 곳을 찾아가서 기다렸습니다. 얼마 후 도깨비가 나타났습니다. 할아버지는 도깨비에게 말했습니다.

"에헴, 나하고 내기를 하나 하자. 서로 문제를 내고 그 문제를 맞히면 원하는 것을 주는 것이다. 어떠냐?"

그러자 도깨비가 말했습니다.

"좋아. 그럼, 내가 먼저 문제를 내 보겠다. 맞혀 봐라. 저기 보이는 저 강의 물은 모두 몇 바가지이냐?"

"저 강의 물을 모두 담을 수 있는 큰 바가지로 한 바가지이다!"

할아버지는 도깨비가 낸 문제를 맞혔습니다. 이번에는 할아버지가 도깨비에게 말했습니다.

"그럼, 나는 이제 앉을 것 같으냐? 설 것 같으냐?"

도깨비는 아무리 생각해도 대답을 할 수 없었습니다. 앉을 것 같다고 말하면 할아버지가 설 것이고, 설 것 같다고 말하면 할아버지는 앉을 것이기 때문입니다. 얼마 후 도깨비가 말했습니다.

"내가 졌다. 이제 원하는 것을 말해 봐라."

"내가 원하는 것은 죽을 때까지 잘 먹고 잘 사는 부자가 되는 것이다."

할아버지의 말을 들은 도깨비는 많은 돈을 가져와서 할아버지에게 주고 안개처럼 사라졌습니다.

A Bet with a Dokkaebi

Once upon a time, there was a very clever old man. But because of several recent years of bad harvest, the old man now had nothing to eat. The very hungry old man wanted to make a bet with a dokkaebi to get something to eat. So he went to a place where dokkaebi would appear and waited. A little while later, a dokkaebi appeared. The old man spoke to the dokkaebi.

"Ahem, let's make a bet. We'll each ask the other a question, and if the other gets the answer right, we'll give them what they want. What do you think?"

And so the dokkaebi said,

"Sure. Then I'll ask the first question. Try to get it right. How many gourd bowls of water are in that river you see over there?"

"One bowl that's big enough to hold all of the water in the river!"

The old man had gotten the dokkaebi's question right. Now he spoke to the dokkaebi.

"So, do you think I'm going to sit now? Or stand?"

No matter how hard the dokkaebi thought, he couldn't answer the question. Because if he said he thought the old man was going to sit, then the old man would stand, and if he said stand, then the old man would sit. After a moment, the dokkaebi spoke.

"I lost. Now tell me what it is you want."

"I want to become a rich man who eats well and lives well until the day I die."

The dokkaebi, who heard the old man's words, brought a lot of money and gave it to the old man, and then disappeared like fog.

 **Vocabulary**

최근	recently	강	river
흉년이 들다	to have a bad harvest	바가지	gourd bowl, bucket
얻다	to receive, to gain	담다	to contain, to hold
나타나다	to appear	서다	to stand
찾아가다	to go to find	아무리	no matter how
서로	each other	(경기에서) 지다	to lose (a game)
내다	to ask (a question)	부자	rich person
맞히다	to guess (the answer to a question)	가져오다	to bring
		안개	fog
원하다	to want	사라지다	to disappear

Check the Contents!

❶ 누가 내기에서 이겼습니까?
Who won the bet?

❷ 할아버지가 원하는 것은 무엇입니까?
What did the old man want?

7. 신기한 탈

옛날 어느 마을에 일하기를 아주 싫어하는 게으름뱅이가 있었습니다. 게으름뱅이는 너무 게을러서 매일 먹고 자고 놀기만 했습니다. 그 모습을 본 게으름뱅이의 아내가 말했습니다.

"매일 일도 안 하고 그렇게 놀기만 하면 어떻게 해요."

게으름뱅이는 일하라는 아내의 말이 듣기 싫어서 집을 나왔습니다. 그리고 길을 걷다가 길 옆에서 낮잠을 자고 있는 소 한 마리를 보았습니다.

'저 소는 한가하게 낮잠을 자고 있네. 저 소가 부럽다. 부러워. 나도 저 소처럼 푹 잘 수 있으면 얼마나 좋을까?'

게으름뱅이는 이렇게 생각하면서 길을 걸었습니다. 그런데 그때 길에서 뭔가 만들고 있는 노인이 보였습니다.

"그게 뭡니까?"

"이건 아주 신기한 탈이지요. 이걸 쓰면 반드시 좋은 일이 생길 겁니다."

게으름뱅이는 그 탈을 얼굴에 써 보았습니다. 그러자 게으름뱅이는 소가 되었습니다. 노인은 소가 된 게으름뱅이를 끌고 시장에 갔습니다. 그리고 소를 사러 온 농부에게 게으름뱅이를 싸게 팔았습니다. 노인은 농부에게 말했습니다.

"이 소는 무를 먹으면 죽으니까 무를 주지 마십시오."

농부는 이상하다고 생각하면서 소를 끌고 집으로 갔습니다. 다음날 농부는 소가 된 게으름뱅이를 밭에 끌고 가서 일을 시켰습니다. 게으름뱅이는 아침부터 저녁까지 쉬지도 못하고 일을 해야 했습니다. 농부는 게으름뱅이가 일을 잘 못하면 밥도 잘 주지 않았습니다.

'아, 나는 이제 소로 살면서 일만 하다가 죽겠구나.'

이렇게 생각하니까 지금 바로 죽고 싶어졌습니다. 그때 무를 먹으면 죽는다는 노인의 말이 생각났습니다. 게으름뱅이는 무밭으로 갔습니다. 이제 죽는다고 생각하니까 너무 슬펐습니다. 그리고 집에 있는 아내가 보고 싶었습니다.

'그동안 미안했어요. 내가 만약에 사람으로 다시 태어나면 그때는 정말 열심히 살게요. 흑흑흑.'

게으름뱅이는 울면서 무를 뽑아 먹었습니다. 그러자 게으름뱅이는 다시 사람이 되었습니다. 게으름뱅이는 너무 기뻐서 집으로 달려갔습니다. 그리고 열심히 일하면서 아내와 행복하게 살았습니다.

The Remarkable Mask

Once upon a time in a certain village, there was a very lazy man who hated to work. The lazy man was so lazy that all he did every day was eat, sleep, and play. The lazy man's wife, who saw the sight of him like this, said,

"What are we to do if every single day, you don't work and only play like that?"

The lazy man didn't like to hear his wife tell him to work, so he left the house. He was walking down the road when he saw a cow taking a nap along the roadside.

'That cow's taking a leisurely nap. I'm jealous of that cow. So jealous. How nice would it be if I could sleep deeply just like that cow?'

The lazy man was thinking this as he crossed the road. But just then, on the road, he saw an old man making something.

"What is that?"

"This is a very remarkable mask. If you wear it, good things are sure to happen."

The lazy man tried wearing the mask on his face. And then he turned into a cow. The old man lead the lazy man who had turned into a cow to market. And he sold him at a cheap price to a farmer who had come to buy a cow. The old man spoke to the farmer.

"This cow will die if it eats radishes, so don't give it any radishes."

The farmer thought that this was strange as he led the cow back home. The next morning, the farmer took the lazy man who had become a cow out into the field and worked him. The lazy man had to work from morning to evening without rest. And if the lazy man didn't work well, then the farmer didn't give him much to eat.

'Ah, now I'm going to live as a cow and do nothing but work until I die.'

Thinking this, the lazy man wanted to die right away. He thought about the words of the old man, who had said back then that if he ate radishes, he would die. The lazy man went into the radish field. Thinking that he was going to die now, he felt very sad. And he missed his wife back at home.

'I'm sorry for how I was back then. If I'm born again as a person, then I'm going to live really diligently. Sob, sob, sob.'

Crying, the lazy man pulled up a radish and ate it. And then he turned back into a person. The lazy man was so happy that he ran back to his house. And he worked hard and lived happily ever after with his wife.

Vocabulary

게으름뱅이	lazy person, lazybones	끌다	to lead
게으르다	to be lazy	무	white raddish, daikon
모습	appearance, sight	이상하다	to be strange
낮잠	nap	다음날	the next day
한가하다	to be leisurely	생각나다	to think of
부럽다	to be jealous	그동안	the whole while, back then
푹	deeply		
쓰다	to wear (on one's face or head)	만약	if
		태어나다	to be born
반드시	surely, certainly	뽑다	to pull out, to pull up
생기다	to occur, to happen	행복하다	to be happy

Check the Contents!

❶ 게으름뱅이는 왜 집에서 나왔습니까?

Why did the lazy man leave his house?

❷ 소가 된 게으름뱅이는 왜 무밭에 갔습니까?

Why did the lazy man who became a cow go into the radish field?

8. 며느리 시험

옛날 어느 마을에 돈이 아주 많은 노인이 있었습니다. 노인은 늘 생각했습니다.

'내가 죽으면 우리 아들이 이 많은 돈을 잘 관리할 수 있을까?'

노인은 며칠을 고민한 끝에 아들을 결혼시켜야겠다고 생각했습니다.

'좋은 며느리가 들어오면 며느리를 믿고 아들 부부에게 곳간 열쇠를 줄 수 있을 거야.'

그래서 노인은 좋은 며느리를 찾으려고 며느리 시험을 보기로 했습니다. 노인은 자기 집 문 앞에 이렇게 썼습니다.

"좁쌀 한 되로 한 달을 살면 우리 집 며느리가 될 수 있다."

어느 날 한 아가씨가 찾아왔습니다. 이 아가씨는 좁쌀 한 되를 30개의 주머니에 나누어 담았습니다. 그러고는 하루에 한 주머니의 좁쌀로 조금씩 밥을 지어 먹었습니다. 그런데 며칠이 지나자 너무 배가 고파서 포기했습니다. 그 후 또 다른 아가씨가 찾아왔습니다. 이 아가씨는 산에서 나물을 가지고 왔습니다. 그러고는 좁쌀과 함께 밥을 지어 먹었습니다. 이 아가씨도 며칠이 지나자 너무 배가 고파서 포기했습니다.

이번에는 이웃 마을에 사는 아가씨가 찾아왔습니다. 이 아가씨는 첫날 좁쌀 한 되로 밥을 지어 맛있게 먹었습니다. 그것을 보고 노인은 생각했습니다.

'첫날부터 좁쌀을 다 먹으면 다음날부터는 어떻게 하려는 거지? 시험 내용을 잘 모르나?'

그런데 아가씨는 포기하지 않았습니다. 한 달 후 아가씨가 있는 집에 가 보니까 곳간에 쌀이 가득 있었습니다. 노인은 어떻게 된 일인지 물었습니다. 아가씨는 대답했습니다.

"밥을 잘 먹어야 힘을 내서 일을 잘할 수 있습니다. 그래서 저는 좁쌀 한 되로 밥을 잘 지어 먹고 일을 열심히 해서 돈을 벌었습니다."

노인은 똑똑하고 부지런한 이 아가씨가 마음에 들었습니다. 그래서 아가씨는 부자 노인의 며느리가 되었습니다.

The Daughter-in-Law Test

Once upon a time in a certain village, there was an old man who had a very large amount of money. The old man was always thinking,

'If I die, will my son be able to manage all of this money well?'

After worrying for a few days, the old man decided that he needed to get his son married.

'If a good daughter-in-law joins the family, I can trust her and give the couple the keys to my storehouse.'

And so, in order to find a good daughter-in-law, the old man decided to hold a test. He wrote a letter in front of his house that said this:

"If you can live for one month on one doe of millet, you can become the daughter-in-law of this house."

One day, a young woman came to the house. The young woman divided the doe of millet and put it into 30 pouches. And each day, she used the bit of millet from one pouch to make and eat her meals. But after a few days, she was so hungry that she gave up. Afterwards, another young woman came to the house. This young woman brought vegetables from the mountains. So she used these with the millet to cook and eat her meals. But after a few days, this young woman too was so hungry that she gave up.

This time, a young woman from a neighboring village came to the house. This young woman used the whole doe of millet on the first day to prepare her meals, and ate well. Seeing this, the old man thought,

'If she eats all of the millet on the first day, what does she intend to do from the next day on? Does she not properly understand the content of the test?'

But the young woman didn't give up. When the old man went one month later to the house she was staying in, the storehouse was full of rice. The old man asked her how this had happened. The young woman answered,

"You have to eat well in order to have the strength to work well. So I used the doe of millet to make my meals and eat well, and worked hard and earned money."

The old man liked this smart and hard-working young woman. And so the young woman became the wealthy old man's daughter-in-law.

 **Vocabulary**

늘	always	나누다	to divide
아들	son	(밥을) 짓다	to make (rice)
관리하다	to manage	포기하다	to give up
고민하다	to worry, to agonize	나물	vegetables
끝	end	이웃	neighbor
결혼하다	to marry	첫날	the first day
부부	couple	내용	content
*좁쌀 한 되	one doe (approx. 1.8 L) of millet	가득	full
		벌다	to earn, to make
아가씨	young woman	부지런하다	to be hard-working
주머니	pouch, pocket		

Check the Contents!

❶ 돈이 많은 노인은 무엇을 걱정했습니까?
What was the rich old man worried about?

❷ 세 번째 아가씨는 좁쌀 한 되로 무엇을 했습니까?
What did the third young woman do with the doe of millet?

＊한 되

9. 혹부리 영감

옛날 어느 마을에 얼굴에 큰 혹이 있는 할아버지가 살았습니다. 그 래서 사람들은 이 할아버지를 혹부리 영감이라고 불렀습니다. 어 느 날 혹부리 영감이 산에서 나무를 하는데 갑자기 하늘에 구름이 많아지고 어두워졌습니다. 그리고 곧 굵은 비가 내렸습니다. 그래서 혹부리 영감은 근처에 보이는 빈집에 들어갔습니다.

'비가 그칠 때까지 기다렸다가 집에 가야겠구나.'

그런데 혹부리 영감은 빈집에 혼자 있으니까 무서웠습니다. 그래서 노래 를 불렀습니다. 그때 도깨비들이 나타났습니다.

"노래를 아주 잘 부르는군. 어떻게 하면 노래를 그렇게 잘 부를 수 있지?"

혹부리 영감은 도깨비가 무섭고 긴장이 되었지만 혹을 만지면서 말했습 니다.

"내 노래는 이 노래 주머니에서 나옵니다."

그러자 도깨비들은 많은 돈을 가져와서 혹부리 영감 앞에 놓았습니다.

"이 정도면 노래 주머니값으로 부족하지 않겠지?"

이렇게 말한 후에 혹부리 영감의 얼굴에 있던 혹을 떼어 갔습니다. 그래서 혹부리 영감은 부자가 되었습니다.

이 이야기는 이웃 마을에 사는 마음 나쁜 혹부리 영감의 귀에도 들어갔습니다. 마음 나쁜 혹부리 영감도 부자가 되고 싶었습니다. 그래서 그 빈집을 찾아가 노래를 부르면서 도깨비가 나타나기를 기다렸습니다. 그런데 도깨비는 나타나지 않았습니다. 그래서 더욱 크게 노래를 불렀습니다. 얼마 후 드디어 도깨비들이 나타났습니다. 마음 나쁜 혹부리 영감은 혹을 만지며 말했습니다.

"내 혹도 사십시오."

이 말을 들은 도깨비들은 매우 화가 났습니다. 지난번에 산 혹을 얼굴에 붙이고 아무리 노래를 불러 봐도 좋은 노래가 나오지 않았기 때문입니다.

"이런 노래 주머니는 필요 없어! 다시 가져가."

도깨비들은 착한 혹부리 영감의 혹을 마음 나쁜 혹부리 영감의 얼굴에 붙이고 사라졌습니다. 결국 마음 나쁜 혹부리 영감은 혹을 떼러 갔다가 혹을 하나 더 붙이게 되었답니다.

Old Man Lumpy

Once upon a time in a certain village, there lived an old man with a large lump on his face. Because of this, people called him "Old Man Lumpy." One day, Old Man Lumpy was collecting firewood in the mountains when suddenly the sky filled with many clouds and it grew dark. And soon after, a thick rain began to fall. So Old Man Lumpy went into an empty house that he saw nearby.

'I'll have to wait until the rain stops and then go home.'

But Old Man Lumpy was frightened because he was alone inside the empty house. So he sang a song. Just then, some dokkaebi appeared.

"You sing very well indeed. What does one have to do to sing that well?"

The old man was nervous and frightened of the dokkaebi, but he touched his lump as he spoke.

"My song comes out of this pouch of songs."

And so all the dokkaebi went and brought a lot of money and put it before Old Man Lumpy.

"This amount wouldn't be insufficient for the price of the pouch of songs, right?"

After saying this, they took the lump from Old Man Lumpy's face and left. And so Old Man Lumpy became rich.

This story reached the ears of another Old Man Lumpy, living in a neighboring village, who was mean. The mean Old Man Lumpy wanted to become rich too. So he found the empty house and sang a song as he waited for the dokkaebi to appear. But they didn't appear. So he sang even louder. After a little while, some dokkaebi finally appeared. The mean Old Man Lumpy touched his lump as he spoke.

"Please buy my lump too."

Hearing this, all the dokkaebi grew very angry. This was because they had stuck the lump they bought last time on their faces, but no matter how much they sang, no good songs came from it.

"We don't need a pouch of songs like this! Take it back."

The dokkaebi stuck the lump from the kind Old Man Lumpy, which they no longer needed, onto the mean Old Man Lumpy's face and disappeared. In the end, the mean Old Man Lumpy had gone to have his lump removed and ended up with one more stuck to him instead.

혹	lump	정도	amount
나무를 하다	to gather firewood	부족하다	to be insufficient
하늘	sky	떼다	to remove
구름	cloud	더욱	more
어둡다	to be dark	드디어	at last, finally
굵다	to be thick	매우	very
빈집	empty house	지난번	last time
그치다	to stop	붙이다	to stick (something onto something else)
긴장	nervousness	이런	this kind of, like this
만지다	to touch		
놓다	to place		

Check the Contents!

❶ 착한 혹부리 영감은 빈집에서 무엇을 했습니까?

What did the kind Old Man Lumpy do in the empty house?

❷ 도깨비는 왜 착한 혹부리 영감의 혹을 마음 나쁜 혹부리 영감의 얼굴에 붙였습니까?

Why did the dokkaebi stick the lump from the kind Old Man Lumpy onto the mean Old Man Lumpy's face?

10. 세상에서 제일 무서운 것

 옛날에 산에 집을 짓고 외롭게 혼자 사는 할아버지가 있었습니다. 할아버지는 어느 달 밝은 밤에 심심해서 달을 보러 마당에 나왔습니다.

"달이 무척 밝구나."

그때 어디에선가 말소리가 들렸습니다.

"네, 달이 참 밝네요."

할아버지는 친구가 찾아온 줄 알고 같이 방으로 들어가서 이야기하자고 했습니다. 할아버지가 방에 들어가 앉았는데 잠시 후 방에 들어온 것은 친구가 아니라 도깨비였습니다. 할아버지는 깜짝 놀라 물었습니다.

"아니, 도깨비가 어떻게 우리 집에……."

"심심해서 달을 보러 나왔지요."

도깨비는 얼굴이 무섭게 생겼지만 마음이 나쁜 것 같지는 않았습니다. 도깨비와 이야기하다 보니 할아버지는 심심하지 않았습니다. 그 후 도깨비는 매일 할아버지 집에 찾아갔고 둘은 친해졌습니다. 어느 날 할아버지는 물가에 갔다가 물속에 보이는 도깨비 얼굴을 보고 깜짝 놀랐습니다. 그런데 자세히 보니 도깨비가 아니라 자신의 얼굴이었습니다.

'도깨비랑 친하면 도깨비가 된다더니 정말이었구나. 이제 도깨비와 친구하는 것을 그만두어야겠어.'

할아버지는 도깨비와 관계를 끊어야겠다고 결심했습니다. 그날 밤, 도깨비가 찾아왔습니다. 할아버지는 도깨비에게 세상에서 무엇이 제일 무서운지 물었습니다. 도깨비는 동물의 붉은 피가 무섭다고 했습니다. 도깨비도 할아버지에게 무엇이 제일 무서운지 물었습니다. 할아버지는 돈이라고 말했습니다.

"사람들은 돈을 좋아하는데 영감님은 돈을 무서워합니까?"

"나는 돈이 정말 무서워. 그러니까 산에 혼자 살고 있지."

다음 날 할아버지는 동물의 피를 사서 집 여기저기에 발랐습니다. 도깨비는 놀러 왔다가 피를 보고 깜짝 놀랐습니다. 그러고는 너무 무서워서 도망갔습니다. 다음 날 화가 난 도깨비는 많은 돈을 가져와서 할아버지의 마당에 던졌습니다.

"이번에는 내 차례입니다. 나는 받은 것은 꼭 갚아 주거든요."

할아버지는 마당에 가득한 돈을 보고 기뻤습니다. 하지만 도깨비가 보고 있다는 것을 알았기 때문에 이렇게 소리를 질렀습니다.

"돈이다. 돈! 무서운 돈이다!"

도깨비는 할아버지가 무서워하는 모습을 보고 기분 좋게 돌아갔습니다. 그 후로 도깨비는 두 번 다시 나타나지 않았다고 합니다.

The Most Frightening Thing in the World

Once upon a time, there was an old man who had built his house in the mountains and lived lonely and alone. One night when the moon was bright, the old man was bored, so he went out into the yard to look at the moon.

"The moon certainly is bright."

Just then, he heard a voice from somewhere.

"Yes, the moon certainly is bright."

The old man thought that it was a friend who had come to see him, so he said that they should go inside together and talk. The old man went inside and sat down, but after a moment, it wasn't a friend who came into the room but a dokkaebi. The old man was startled and asked,

"What, why has a dokkaebi come to my house……?"

"I was bored so I stepped out to look at the moon."

The dokkaebi had a frightening face, but didn't seem to be unkind. Speaking with the dokkaebi, the old man did not feel bored. After that, the dokkaebi came to the old man's house every day and the two of them grew close. One day, the old man went to the waterside and was shocked when he saw the dokkaebi's face in the water. But when he looked closer, it wasn't the dokkaebi but rather his own face.

'So it's true what they say after all, that if you become close with a dokkaebi, you become a dokkaebi yourself. I should stop being friends with the dokkaebi now.'

The old man made up his mind to end his acquaintance with the dokkaebi. That night, the dokkaebi came to see him. The old man asked the dokkaebi what it was most frightened of in the whole world. The dokkaebi said it was frightened of the red blood of animals. The dokkaebi also asked the old man what he was most frightened of in the world. The old man said it was money.

"People like money, so why are you frightened of money?"

"I'm very frightened of money. That's why I'm living here in the mountains all alone."

The next day, the old man bought animal blood and spread it all around the house. The dokkaebi came to play, and was startled when he saw the blood. And he was so frightened that he ran away. The next day, the angry dokkaebi brought a lot of money with him and threw it into the old man's yard.

"It's my turn now. I want to be sure to pay back what you've given me."

The old man was thrilled to see his yard full of money. But as he knew that the dokkaebi was watching him, he shouted loudly,

"It's money. Money! Such frightening money!"

The dokkaebi saw the frightened old man and left, feeling pleased. It's said that the dokkaebi never appeared again after that.

외롭다	to be lonely	끊다	to end
무척	very, extremely	결심	decision
밝다	to be bright	그날	that day
아니	an exclamation of surprise ("What!" or "Oh!" etc.)	동물	animal
		붉다	to be red
심심하다	to be bored	피	blood
물가	waterside	바르다	to spread
자세히	closely, in detail	도망가다	to run away
그만두다	to stop, to quit	차례	turn
관계	acquaintance, relationship	(소리를) 지르다	to shout

Check the Contents!

❶ 도깨비가 무서워하는 것은 무엇입니까?

What is the dokkaebi afraid of?

❷ 할아버지는 왜 도깨비를 쫓아내려고 하였습니까?

Why did the old man decide to chase the dokkaebi away?

11. 금도끼 은도끼

 옛날에 늙은 어머니를 모시고 사는 가난하고 착한 나무꾼이 있었습니다. 어느 더운 여름날 나무꾼은 땀을 흘리며 열심히 나무를 하고 있었습니다. 그런데 땀 때문에 도끼가 손에서 미끄러지면서 연못에 빠졌습니다. 나무꾼은 연못 옆에 앉아 울었습니다.

"어, 내 도끼. 내 도끼. 이제 우리 어머니랑 나는 어떻게 살아! 흑흑흑."

그때 연못 속에서 산신령이 나타났습니다.

"나무꾼아, 너는 왜 울고 있는 것이냐?"

"저한테 제일 소중한 도끼가 연못에 빠졌습니다. 도끼가 없으면 저는 이제 일을 할 수가 없습니다. 저는 이제 어떻게 삽니까. 흑흑흑."

나무꾼의 이야기를 들은 산신령은 나무꾼이 불쌍했습니다. 그래서 나무꾼의 도끼를 찾아 주고 싶었습니다. 산신령은 연못 속에 들어갔다가 도끼 세 개를 들고 나와서 나무꾼에게 말했습니다.

"나무꾼아, 이 금도끼가 네 것이냐?"

"그 금도끼는 제 도끼가 아닙니다."

"그럼, 이 은도끼가 네 것이냐?"

"아닙니다. 금도끼도, 은도끼도 제 도끼가 아닙니다. 제 도끼는 보통 도끼입니다."

"허허허, 너는 욕심을 내지 않는 착한 나무꾼이구나. 이 도끼들을 모두 가져가거라. 이것은 내가 주는 선물이다."

착한 나무꾼은 금도끼, 은도끼를 얻어서 부자가 되었습니다. 이 마을에는 욕심 많은 나무꾼도 살고 있었습니다. 욕심 많은 나무꾼은 이 소식을 듣고 산으로 갔습니다. 그리고 연못에 도끼를 던진 후에 큰 소리로 말했습니다.

"어, 내 도끼. 내 도끼. 어, 이제 나는 어떻게 살아!"

그러자 연못에서 산신령이 도끼 세 개를 들고 나타나서 물었습니다.

"나무꾼아, 너도 도끼를 잃어버렸구나. 그럼, 이 금도끼가 네 것이냐?"

욕심 많은 나무꾼은 산신령이 들고 있는 도끼들을 가리키며 말했습니다.

"예, 그 금도끼도 제 것이고 은도끼와 그 나머지 도끼도 제 것입니다."

"흠. 너는 정말 욕심이 많구나. 그러니 네 도끼는 돌려주지 않을 것이다."

이렇게 말하고 산신령은 깊은 연못 속으로 사라졌습니다. 욕심 많은 나무꾼은 욕심 때문에 도끼를 찾을 수 없게 되었습니다.

Golden Axe, Silver Axe

Once upon a time, there was a kind and poor woodsman who lived with his elderly mother. One hot summer day, the woodsman was sweating as he worked hard, cutting wood. But because of his sweat, his axe slipped from his hands and fell into a pond. The woodsman sat beside the pond and cried.

"Oh, my axe. My axe. How will my mother and I live now! Sob, sob."

Just then, a mountain spirit appeared from within the pond.

"Oh woodsman, why are you crying?"

"My most precious axe fell into the pond. Without my axe, I can no longer work. How will I live now? Sob, sob."

Hearing the woodsman's story, the mountain spirit felt sorry for him. And so it wanted to find the woodsman's axe and return it to him. The mountain spirit went down into the pond, came back up with three axes, and spoke to the woodsman.

"Oh woodsman, is this golden axe yours?"

"That golden axe is not my axe."

"Then is this silver axe yours?"

"No. The golden axe and the silver axe aren't mine. My axe is just an ordinary axe."

"Hohoho, you're a kind and not greedy woodsman, you are. Take all of these axes. This is my gift to you."

The kind woodsman received the golden axe and the silver axe and became rich. In the same village, there also lived a very greedy woodsman. The greedy woodsman heard this news and went into the mountains. And then he threw his axe into the pond and spoke in a loud voice.

"Oh, my axe. My axe. How will I live now?"

Then the mountain spirit came out of the pond carrying three axes and asked,

"Oh woodsman, so you've lost your axe as well. Then is this golden axe yours?"

The greedy woodsman pointed to the axes that the mountain spirit was carrying and spoke.

"Yes, that golden axe is mine, and the silver axe, and the other axe is mine as well."

"Hmph. You truly are greedy, aren't you? So I will not return your axe to you."

The mountain spirit said this and then disappeared into the deep pond. Because of his greed, the greedy woodsman was unable to retrieve his axe.

A-Z Vocabulary

늙다	to be old	산신령	mountain spirit
모시다	to live with (an elder), to take care of	소중하다	to be precious, to be treasured
가난하다	to be poor	불쌍하다	to be pitiable, to be poor
나무꾼	woodsman		
땀	sweat	욕심	greed
흘리다	to flow	잃어버리다	to lose
미끄러지다	to slip	가리키다	to point to, to indicate
연못	pond	나머지	the other, the rest
어	Oh (exclamation)	돌려주다	to return (something to someone)
속	inside, within		
		깊다	to be deep

Check the Contents!

❶ 착한 나무꾼의 도끼는 무슨 도끼입니까?

What kind of axe is the kind woodsman's axe?

❷ 산신령은 착한 나무꾼에게 왜 도끼 세 개를 모두 주었습니까?

Why did the mountain spirit give all three axes to the kind woodsman?

12. 할머니 무덤에 핀 꽃

 옛날에 부모가 없는 세 손녀와 함께 사는 할머니가 있었습니다. 할머니는 손녀들을 매우 아끼고 사랑했습니다. 그래서 가난했지만 세 손녀를 키우기 위해 열심히 일을 했습니다. 세 손녀들은 잘 자라서 결혼할 나이가 되었습니다. 손녀들을 보면서 할머니는 작게 혼자 말했습니다.

'이 아이들이 다 결혼해서 나를 떠나면 나는 외로워서 어떻게 살지?'

이 말을 들은 손녀들은 할머니에게 말했습니다.

"할머니, 저는 결혼해도 할머니를 보러 자주 올 거예요."

"할머니, 저는 결혼해도 할머니랑 같이 살 거예요."

할머니는 웃으면서 말했습니다.

"그래, 그래, 고맙다."

몇 년 후 세 손녀는 모두 결혼을 해서 할머니를 떠났습니다. 할머니는 손녀들과 헤어지는 것이 아쉬웠지만 그래도 손녀들이 결혼해서 잘 살았으면 좋겠다고 생각했습니다. 그런데 손녀들은 결혼한 후 할머니를 보러 오지 않았습니다. 혼자 남은 할머니는 외로웠습니다. 그리고 손녀들이 너무 보고 싶었습니다. 그래서 첫째 손녀를 찾아갔습니다.

첫째는 처음에는 할머니를 보고 반가워했지만 며칠이 지나자 귀찮아했습니다. 할머니는 둘째 손녀의 집으로 갔습니다. 하지만 둘째도 첫째처럼 할머니를 귀찮아했습니다. 그래서 할머니는 마지막으로 셋째 손녀의 집에 가기로 했습니다.

할머니는 눈이 오는 날씨에 걷고 또 걸었습니다. 할머니는 너무 춥고 힘들었습니다. 그래도 할머니를 보고 반가워할 셋째를 생각하면서 걸었습니다. 드디어 멀리 셋째의 집이 보였습니다. 그런데 할머니는 셋째의 집에 가기 전에 길에서 쓰러졌습니다. 할머니 눈에서 눈물이 흘렀습니다.

"셋째야, 할머니가 왔다. 셋째야, 셋째야……."

할머니는 셋째를 불렀지만 셋째 손녀는 할머니의 목소리를 들을 수 없었습니다. 며칠이 지나고 날씨가 좋아지자 셋째는 집 밖으로 나왔습니다. 셋째는 길에 쓰러져 있는 할머니를 보고 깜짝 놀라서 달려갔습니다.

"할머니, 할머니, 일어나세요. 왜 여기에 계세요. 눈을 떠 보세요."

셋째는 할머니를 안고 울면서 말했지만 할머니는 대답이 없었습니다. 셋째는 할머니가 언제나 자신을 잘 볼 수 있는 곳에 할머니 무덤을 만들었습니다. 겨울이 지나고 봄이 되자 할머니 무덤에 꽃이 피었습니다. 그 꽃은 할머니의 머리카락처럼 하얀 털이 있었습니다. 그래서 사람들은 그 꽃을 '할미꽃'이라고 불렀습니다.

The Flowers That Bloomed on Grandmother's Grave

Once upon a time, there was a grandmother who lived with her three granddaughters, who had no parents. The grandmother loved and cherished her granddaughters very much. And so though they were poor, she worked hard in order to raise her three granddaughters. The three granddaughters grew well and turned of marriageable age. Looking at them, the grandmother said quietly to herself,

'When these children all marry and leave me, I'll be so lonely. How will I live?'

Hearing this, the granddaughters spoke to their grandmother.

"Grandmother, even if I marry, I'll come to see you often."

"Grandmother, even if I marry, I'm going to live with you."

The grandmother smiled as she said,

"All right, all right, thank you."

A few years later, the three granddaughters had all married and left their grandmother. The grandmother was sad to part with them, but thought that so long as they were married and living well, that things were good. But after they married, the granddaughters didn't come to see their grandmother. The grandmother, left all alone, was lonely. And she missed her granddaughters very much. So she went to see the first granddaughter.

The first granddaughter was happy to see her grandmother at first, but after a few days, she grew tired. The grandmother went to the second granddaughter's house. But the second, like the first, grew tired of the grandmother. So the grandmother decided to go to the third granddaughter's house.

On a snowy day, the grandmother walked and walked some more. She was very cold and had a difficult time. But she kept walking, thinking of her third granddaughter who would be pleased to see her. At last, she could see the third granddaughter's house in the distance. But before she could go there, she collapsed in the road. Tears fell from her eyes.

"Third granddaughter, Grandmother is here. Third granddaughter, third granddaughter……"

The grandmother called for her third granddaughter, but the granddaughter could not hear her voice. A few days passed and when the weather was better, the third granddaughter came outside. She saw her grandmother who had collapsed on the road and, shocked, ran over to her.

"Grandmother, grandmother, wake up. What are you doing here? Open your eyes."

The third granddaughter held her grandmother and cried as she spoke, but the grandmother did not answer. The third granddaughter built a grave for her grandmother in a spot where she could see her any time. Winter passed and when spring arrived, flowers blossomed on the grandmother's grave. The flowers were covered in fur that was white like the grandmother's hair. This is why people called these flowers "granny flowers."

Vocabulary

손녀	granddaughter	셋째	third
키우다	to raise	쓰러지다	to collapse
자라다	to grow	눈물	tears
나이	age	흐르다	to flow
떠나다	to leave	(눈을) 뜨다	to open (one's eyes)
헤어지다	to part	안다	to hold
아쉽다	to be a shame, to be sad	언제나	any time
		머리카락	hair
남다	to be left, to remain	하얗다	to be white
첫째	first	털	hair, fur
둘째	second		

Check the Contents!

❶ 할머니가 첫째를 찾아갔을 때 첫째는 어떻게 했습니까?
What did the first granddaughter do when the grandmother went to see her?

❷ 사람들은 할머니 무덤에 핀 꽃을 왜 할미꽃이라고 부릅니까?
Why do people call the flowers that bloomed on the grandmother's grave "granny flowers"?

13. 요술 맷돌

옛날 어느 마을에 마음 나쁜 부자와 가난하지만 착한 농부가 살았습니다. 어느 날 몸이 아주 마른 한 노인이 그 부자의 집에 가서 말했습니다.

"며칠 동안 아무것도 못 먹었습니다. 밥 좀 주세요."

그러자 부자는 짜증을 내며 말했습니다.

"공짜로 줄 밥은 없으니까 내 집에서 나가!"

노인은 걸을 힘이 없었습니다. 그래서 몇 걸음도 걷지 못하고 길에서 쓰러졌습니다. 지나가던 착한 농부가 길에 쓰러진 노인을 집으로 데려왔습니다. 농부는 얼마 안 남은 쌀로 죽을 끓였습니다.

"저는 너무 가난해서 드릴 수 있는 게 죽밖에 없습니다. 이거라도 드시고 힘을 내십시오."

다음날 노인은 농부에게 선물로 맷돌을 주면서 말했습니다.

"농부 님이 아니었으면 아마 저는 죽었을 겁니다. 그러니 저도 은혜를 갚아야지요."

그러고는 농부에게 요술 맷돌을 사용하는 방법을 알려 주고 사라졌습니다. 농부는 맷돌을 돌리면서 말했습니다.

"아, 이 맷돌에서 정말로 쌀이 나오면 얼마나 좋을까."

그러자 맷돌이 스스로 돌더니 쌀이 쏟아져 나왔습니다. 깜짝 놀란 농부는 또 말했습니다.

"돈 나와라."

그러자 정말로 돈이 쏟아져 나왔습니다. 이렇게 해서 농부는 부자가 되었습니다.

며칠 후 마음 나쁜 부자는 농부의 집에 몰래 들어가서 맷돌을 가지고 나왔습니다. 그리고 아무도 찾지 못하는 곳으로 도망가기 위해 배를 타고 먼 바다에 갔습니다. 부자는 맷돌을 한번 돌려 보고 싶었습니다. 그래서 맷돌에서 무엇이 나오면 좋을까 생각했습니다.

'옳지, 요즘 소금이 비싸니까 소금을 말해야겠구나.'

부자는 맷돌을 돌리면서 "소금 나와라." 하고 말했습니다. 그러자 정말로 맷돌이 스스로 돌더니 소금이 쏟아져 나왔습니다. 소금은 멈추지 않고 계속 쏟아져 나왔습니다. 부자는 소금을 보고 처음에는 기뻐했지만 점점 불안했습니다.

"이제, 그만! 그만 나와! 멈춰. 멈추라고!"

욕심 많은 부자는 맷돌을 멈추는 방법을 몰랐습니다. 소금이 계속 쏟아져 나와서 배는 금방 소금으로 가득 찼습니다. 결국 배는 깊은 바다에 빠지고 욕심 많은 부자는 죽고 말았습니다. 바다에 빠진 맷돌에서는 소금이 계속 쏟아져 나왔습니다. 그래서 이때부터 바닷물이 짜게 되었다고 합니다.

The Magic Millstone

Once upon a time in a certain village, there lived a mean rich man and a poor but kind farmer. One day, a very thin old man went to the rich man's house and said,

"I haven't had anything to eat for several days. Please give me some food."

At this, the rich man said, annoyed,

"I don't have food to give away for free, so get out of my house!"

The old man didn't have the strength to walk. So he could only take a few steps before he collapsed along the road. The kind farmer, passing by, took the collapsed old man and brought him home. The farmer boiled a porridge with the little bit of rice he had left.

"I'm so poor that all I can give to you is porridge. But please eat this and regain your strength."

The next day, the old man gave the farmer a millstone as a gift and said,

"If not for you, Mr. Farmer, I would have died. Which is why I have to repay your favor."

Then he told the farmer how to use the magic millstone and he disappeared.

As he turned the millstone, the farmer said,

"Oh, how wonderful would it be if rice really could come out of this millstone."

And then the millstone began to turn by itself and rice poured out of it. The shocked farmer spoke again.

"Make money come out."

And then money truly did pour out. In this way, the farmer became rich.

A few days later, the mean rich man secretly went inside of the farmer's house and took the millstone out. And then in order to run away to somewhere where nobody could find him, he took a boat and sailed far away. The rich man wanted to try turning the millstone once. So he thought about what he wanted to come out of the millstone.

'That's right, these days, salt is expensive, so I should tell it to give me salt.'

As the rich man turned the millstone, he said, "Make salt come out." And then the millstone truly did begin to turn by itself and salt came pouring out. The salt continued to pour out without stopping. At first, the rich man was pleased to see the salt, but he became more and more anxious.

"That's enough now! Stop coming out! Stop. I said stop!"

The greedy rich man didn't know how to stop the millstone. As salt continued to pour out, the boat was soon filled with salt. In the end, the boat sank into the deep ocean and the greedy rich man ended up dying. Salt continued to pour out of the millstone that had fallen into the ocean. And they say that this is why from then on, seawater became salty.

Vocabulary

(몸이) 마르다	(for one's body) to be thin	돌다	(for something) to turn
짜증	annoyance	쏟아지다	to pour out
공짜	free	옳다	to be right
걸음	step	기뻐하다	to be pleased
죽	porridge	점점	more and more
끓이다	to boil	불안하다	to be anxious
아마	maybe	그만	stop, avast
방법	way, method	금방	quickly, soon
돌리다	to turn (something)	(가득) 차다	to be filled (with)
스스로	one one's own, by oneself	이때	then, at that time

Check the Contents!

❶ 착한 농부는 노인을 위해 무엇을 했습니까?

What did the kind farmer do for the old man?

❷ 바닷물은 왜 짜게 되었습니까?

Why did seawater become salty?

14. 이상한 샘물

옛날 어느 마을에 마음 좋은 할아버지와 할머니가 살았습니다. 할아버지는 산에서 나무를 해서 파는 나무꾼이었습니다. 어느 날 할아버지는 산에서 열심히 나무를 했습니다. 그러다가 배도 고프고 좀 피곤하기도 해서 잠시 쉬어야겠다고 생각했습니다. 할아버지는 나무 옆에 앉아 할머니가 싸 준 밥을 먹고 있었습니다. 그런데 옆을 보니 파랑새 한 마리가 할아버지를 보고 있었습니다.

"너도 배가 고프구나. 그럼, 나랑 나눠 먹자."

할아버지는 밥을 조금 떼어서 파랑새에게 주었습니다. 파랑새는 할아버지가 주는 밥을 맛있게 먹었습니다. 얼마 후 할아버지는 자리에서 일어나면서 말했습니다.

"나는 이제 일해야겠구나. 예쁜 새야, 다음에 또 만나자."

하지만 파랑새는 할아버지 옆을 떠나지 않았습니다. 할아버지 주위를 조금 날다가 앞으로 가서 할아버지를 보며 "짹짹짹"하고 노래를 했습니다. 할아버지가 가까이 가면 조금 더 앞으로 날아가 나무에 앉아서 할아버지를 바라보았습니다. 그리고 할아버지가 다시 가까이 가니까 이번에는 천천히 날기 시작했습니다.

"허허허, 지금 나보고 같이 가자는 뜻이구나."

그래서 할아버지는 파랑새를 따라갔습니다. 할아버지는 땀도 나고 허리도 아팠습니다. 잠시 후 파랑새는 어느 나무 위에 앉았습니다. 그 아래에는 샘물이 흐르고 있었습니다. 목이 말랐던 할아버지는 그 샘물을 마셨습니다. 그러자 할아버지는 젊은 청년으로 변했습니다. 허리도 전혀 아프지 않았습니다. 할아버지는 집으로 달려갔습니다. 할머니는 젊은 청년이 된 할아버지를 보고 깜짝 놀랐습니다. 그래서 할아버지가 말했습니다.

"놀라지 마세요. 파랑새를 따라갔다가 샘물을 마셨는데 이렇게 젊어졌어요. 나와 같이 샘물을 마시러 갑시다."

할머니는 할아버지와 함께 샘물이 있는 곳으로 갔습니다. 할머니도 샘물을 마신 후 다시 젊어졌습니다.

어느 날 옆집에 사는 욕심쟁이 할아버지가 놀러 왔습니다. 마음 착한 부부는 욕심쟁이 할아버지에게 샘물 이야기를 해 주었습니다. 욕심쟁이 할아버지는 그 말을 듣자마자 샘물을 마시러 산으로 갔습니다. 그런데 욕심쟁이 할아버지는 시간이 지나도 돌아오지 않았습니다. 마음 착한 부부는 욕심쟁이 할아버지가 걱정이 되었습니다. 그래서 욕심쟁이 할아버지를 찾으러 샘물이 있는 곳으로 가 보았습니다. 그곳에는 욕심쟁이 할아버지는 없고 할아버지의 옷 속에서 아기가 울고 있었습니다. 젊어진 할머니는 아기를 안았습니다.

"어머, 불쌍해라. 귀여운 아기가 왜 여기에서 울고 있을까요? 누가 이렇게 어린 아기를 버린 걸까요?"

"아마 이웃집 영감이 샘물을 너무 많이 마셔서 아기가 된 것 같아요. 우리가 자식으로 키웁시다."

마음 착한 부부는 아기가 되어버린 욕심쟁이 할아버지가 불쌍해서 키우기로 했답니다.

The Strange Spring Water

Once upon a time in a certain village, there lived a kind-hearted old man and woman. The old man was a woodsman, who cut and sold wood. One day, the old man was hard at work cutting wood in the mountains. He was hungry and a little tired, so he thought he should rest for a while. The old man sat next to a tree and was eating the food the old woman had prepared for him. But when he looked to his side, he saw that a blue bird was looking at him.

"You're hungry too, huh? Then share this with me."

The old man took a bit of his food and gave it to the blue bird. The blue bird ate up with relish the food that the old man had given him. After a while, the old man stood up from his spot and said,

"I suppose I have to work now. Let's meet again next time, pretty bird."

But the blue bird didn't leave the old man's side. It flew around the old man a little and then went forward, and sang "tweet tweet tweet" as it looked at the old man. When the old man approached, the bird flew ahead a little more, and then sat in a tree and watched the old man. And when the old man approached again, this time, it began to fly slowly.

"Hohoho, so you're telling me to come with you."

And so the old man followed the blue bird. The old man began to sweat and his back hurt. The blue bird sat for a moment at the top of a tree. Below the tree flowed a spring. The thirsty old man drank the spring water. And then he transformed into a young man. His back no longer hurt him at all. The old man rushed home. The old woman was shocked to see the old man who had become a young man. And so the old man spoke.

"Don't be surprised. I followed a blue bird and drank water from a spring and became young like this. Come with me to drink the spring water."

The old man went together with the old woman to the place where the spring water was. After drinking the spring water, the old woman also became young again.

One day, a greedy old man who lived next door came to visit. The kind-hearted couple told the greedy old man about the spring water. As soon as he heard, the greedy old man went into the mountains to drink the spring water. But although time passed, the greedy old man did not return. The kind-hearted couple grew worried about the greedy old man. So they tried going to the spring to find him. The greedy old man wasn't there, and within his clothes was a baby who was crying. The old woman who had become young held the baby.

"Oh, poor thing. Why would a cute little baby be crying here? Who could have abandoned such a young baby?"

"It seems the neighbor man drank too much spring water and turned into a baby. Let's raise him as our child."

The kind-hearted couple felt sorry for the greedy old man who had become a baby and decided to raise him as their own.

A-Z Vocabulary

싸다	to wrap (something in something else)	청년	young person
파랑새	blue bird	변하다	to transform, to change
자리	spot, place	전혀	at all
주위	around, area	옆집	neighboring house, next door
날다	to fly	욕심쟁이	greedy person
바라보다	to look at	귀엽다	to be cute
뜻	meaning	어리다	to be young
따라가다	to follow	버리다	to abandon, to throw away
허리	back, waist	자식	child
(목이) 마르다	to be dry, to be thirsty		
젊다	to be young		

Check the Contents!

❶ 할아버지와 할머니는 어떻게 해서 젊어졌습니까?
What did the old man and woman do to become young?

❷ 욕심쟁이 할아버지는 왜 돌아오지 않았습니까?
Why didn't the greedy old man come back?

15. 나무 그늘을 산 총각

 어느 더운 여름날 한 할아버지가 집 앞에 있는 나무 그늘에 누워 낮잠을 자고 있었습니다. 길을 지나가던 한 총각이 너무 더워서 잠시 쉬려고 그 옆에 누웠습니다. 그런데 누워 있으니까 잠이 왔습니다.

'하~ 조금만 자야겠다.'

얼마 후 자고 있는 총각의 엉덩이를 누군가가 발로 차서 총각은 잠에서 깼습니다.

"아니, 넌 누군데 내 그늘에서 잠을 자는 것이냐?"

"그게 무슨 소리입니까? 나무 그늘에 주인이 어디 있다고 그러십니까?"

"이 나무는 내 할아버지가 심은 나무니까 이 나무의 그늘도 내 것이지. 내 나무 그늘에서 잤으니 어서 돈을 내라."

"예? 그건 너무 심하지 않습니까?"

"너, 지금 나랑 싸우자는 거냐? 너는 이미 내 그늘에서 편안하게 푹 잤어. 그건 사실이니까 어서 돈을 내."

총각은 욕심쟁이 할아버지의 버릇을 고쳐 주어야겠다고 생각했습니다.

"네, 그럼 제가 그늘을 사겠습니다. 얼마를 드릴까요?"

욕심쟁이 할아버지는 5냥을 받을까 하다가 욕심이 생겨서 10냥을 내라고 했습니다.

"내가 특별히 싸게 팔아 주는 것이다."

총각은 할아버지에게 10냥을 내고 나무 그늘을 샀습니다. 시간이 지나자 나무의 그림자가 할아버지의 집 안까지 길어졌습니다. 그러자 총각은 할아버지의 집으로 들어갔습니다.

"왜 마음대로 남의 집에 들어오는 거냐?"

"제 그림자가 여기에 있어서 들어온 것뿐입니다."

총각은 친구들을 모두 불러서 그림자 아래에서 시끄럽게 떠들며 놀았습니다. 욕심쟁이 할아버지는 모두 집 밖으로 나가라고 하고 싶었지만 그림자를 팔았기 때문에 참아야 했습니다. 총각은 날마다 더 많은 사람들과 함께 와서 시끄럽게 했습니다.

"총각, 미안해. 내가 잘못했어. 10냥 다시 줄 테니까 나한테 다시 팔아 줘."

하지만 총각은 거절했습니다.

"영감님, 이렇게 좋은 그늘을 어떻게 10냥에 팔 수 있겠습니까? 100냥 정도면 적당할 것 같기도 한데……."

결국 욕심쟁이 할아버지는 총각에게서 나무 그늘을 100냥에 다시 사야 했습니다.

The Young Man Who Bought the Shade of a Tree

One hot summer day, an old man was lying down and taking a nap in the shade of a tree in front of his house. A young man who was passing down the road was so hot that he lay down next to the old man to rest for a while. But as he was lying down, he grew sleepy.

'Yawn~ I'll just sleep for a little bit.'

After a little while, someone kicked at the sleeping young man's rear and the young man woke up.

"Hey, who are you to be sleeping in my shade?"

"What do you mean? How can someone own the shade of a tree?"

"My grandfather planted this tree, so the shade from this tree is mine. Since you slept in the shade of my tree, go ahead and pay me."

"What? Isn't that a bit too harsh?"

"Are you trying to fight with me? You already slept comfortably in my shade. That's a fact, so hurry up and pay."

The young man thought that he ought to correct the greedy old man's manners.

"All right, then I'll buy the shade. How much shall I give you?"

The old man thought about taking 5 nyang, but grew greedy and told him to pay 10 nyang.

"I'm selling this to you at an especially low price."

The young man gave the old man 10 nyang and bought the shade of the tree. After some time, the shadow grew long so that it covered the inside of the old man's house. And so the young man went inside of the old man's house.

"Why are you coming into someone else's house as you please?"

"I simply came in because my shade is here."

The young man called all of his friends and played and chatted loudly in the shadow. The old man wanted to tell them all to get out of his house, but as he had sold the shadow, he had to hold back. Each day, the young man came with even more people and made a lot of noise.

"Young man, I'm sorry. I was wrong. I'll give your 10 nyang back so please sell the shade back to me."

But the young man refused.

"Sir, how could I possibly sell shade this good for 10 nyang? I think 100 nyang might be enough……"

In the end, the greedy old man had to buy the shade of the tree back from the young man for 100 nyang.

ᴬ⁻ᶻ Vocabulary

눕다	to lie down	*5냥	5 nyang (old Korean currency, later replaced at a rate of 10 nyang to 1 won)
엉덩이	rear end		
(발로) 차다	to kick		
(잠이) 깨다	to wake up	특별히	especially
심다	to plant	그림자	shadow
심하다	to be harsh, to be serious	떠들다	to chat, to make noise
싸우다	to fight	참다	to hold back
이미	already	잘못하다	to do wrong, to make a mistake
편안하다	to be comfortable		
사실	truth, fact	거절하다	to refuse
버릇	habit, manner	적당하다	to be appropriate, to be enough
고치다	to fix, to correct		

📝 Check the Contents!

❶ 총각은 왜 나무 그늘을 샀습니까?

Why did the young man buy the shade of the tree?

❷ 욕심쟁이 할아버지는 왜 총각에게서 그늘을 다시 비싸게 샀습니까?

Why did the greedy old man buy the shade back from the young man at a high price?

＊한 냥

50 Folktales
for Learners of
Korean

외국인 학습자를 위한 전래 동화 50선

16. 거울을 처음 본 사람들

옛날 어느 시골에 한 부부가 있었습니다. 어느 날 남편이 일이 있어서 서울에 가게 되었습니다. 남편이 떠나기 전날 저녁, 부부는 함께 저녁을 먹고 마당에 나왔습니다. 남편은 아내에게 말했습니다.

"여보, 혹시 갖고 싶은 거 있으면 말해요. 서울에 가면 예쁘고 좋은 물건이 많다고 하니까 돌아올 때 사 올게요."

아내는 하늘에 떠 있는 반달을 가리키며 말했습니다.

"저 달처럼 생긴 예쁜 빗을 사 주세요."

남편은 아내에게 꼭 빗을 사 주겠다고 약속했습니다. 그리고 다음날 서울로 떠났습니다. 남편은 서울에 도착해서 며칠 동안 열심히 일을 했습니다. 일을 하느라 너무 바빴던 남편은 고향 집으로 돌아가기 전날 저녁에 아내에게 선물을 사 주기로 한 약속이 생각났습니다. 그래서 남편은 시장에 갔습니다. 시장에는 신기하고 다양한 구경거리가 많았습니다. 그런데 남편은 아내가 사 달라고 한 물건이 무엇이었는지 기억나지 않았습니다.

'떠나기 전날에 분명히 하늘을 보면서 말했었는데······.'

하늘에는 보름달이 떠 있었습니다.

'달처럼 생긴 거라고 했는데 뭐였을까?'

남편은 달을 보면서 기억하려고 노력했지만 아무리 생각해도 기억이 안 나서 한 가게의 주인에게 물었습니다.

"아내에게 줄 선물을 찾고 있는데 저 달처럼 생긴······."

"아, 저 달 모양이요? 그건 거울이지요. 여자들이 아주 좋아하는 물건입니다."

남편은 가게 주인의 말을 듣고 보름달처럼 둥근 거울을 샀습니다. 그리고 집으로 돌아와서 거울을 아내에게 선물로 주었습니다. 거울을 처음 본 아내는 깜짝 놀랐습니다.

"어머, 이 젊은 여자는 누구예요? 서울에서 여자를 데려 온 거예요? 어떻게 나한테 이럴 수 있어요. 흑흑흑."

아내의 우는 소리를 듣고 방 안에 있던 시어머니가 왔습니다. 시어머니는 젊은 여자를 데려왔다는 말에 놀라서 거울을 봤습니다.

"젊은 여자라니? 이건 늙은 여자 아니냐? 이 여자는 네 시아버지의 여자인 것 같구나."

시어머니는 화가 나서 남편에게 갔습니다. 잠시 후 시아버지도 거울을 보고 화를 냈습니다.

"넌, 누구냐? 거기에서 당장 나오지 못해! 안 나와? 에잇."

화가 난 시아버지는 거울을 바닥에 던졌고 거울은 깨져 버렸습니다.

The People Who Saw a Mirror for the First Time

Once upon a time in the countryside, there was a couple. One day, the husband had to go to Seoul for some business. The day before the husband left, the couple had dinner together and came out into the yard. The husband said to the wife,

"Darling, tell me if there's something you want to get. When I go to Seoul, there will be many fine and beautiful things, so I'll buy something and bring it back for you."

The wife pointed up at the half moon hanging in the sky and said,

"Please buy me a pretty comb that looks like this moon."

The husband promised his wife that he would buy her a comb. And then the next day, he left for Seoul. When he arrived in Seoul, he worked hard for several days. The husband was so busy with work that, on the evening before he was to return home, he remembered the promise he had made to buy something for his wife. And so he went to the market. There were many amazing things to see at the market. But the husband couldn't remember what his wife had told him to buy for her.

'The day before I left, we were definitely looking at the moon as we spoke……'

In the sky hung a full moon.

'She asked for something that looked like the moon, but what was it?'

No matter how much the husband thought, he couldn't remember, so he asked a shopkeeper,

"I'm looking for a gift for my wife, something that looks like the moon……"

"Oh, the shape of the moon? That would be a mirror. It's an item that women really love."

The husband listened to the shopkeeper and bought a round mirror that looked like the full moon. And then he returned home and gave the mirror to his wife as a present. The wife, seeing a mirror for the first time, was shocked.

"Oh my, who is this young woman? Have you brought a woman back from Seoul? How could you do this to me? Sob, sob."

Her mother-in-law, who was inside the house, heard her crying and came over. The mother-in-law was surprised to hear a young woman had been brought back, and she looked in the mirror.

"A young woman, you say? Isn't this an old woman? This woman must be your father-in-law's woman."

The mother-in-law grew angry and went to her own husband. A short while later, the father-in-law looked in the mirror and grew angry as well.

"Who are you? Get out of there right now! You aren't coming out? Pfft!"

The angry father-in-law threw the mirror on the ground and it broke apart.

Vocabulary

전날	the day before	분명히	definitely, clearly
여보	darling, honey (pet name for one's significant other)	보름달	full moon
		노력하다	to try, to make effort
혹시	if, by any chance	모양	shape
(공중에) 뜨다	to float, to hang (in the air or sky)	둥글다	to be round
반달	half moon	어머	Oh my!, Goodness! (exclamation)
빗	brush, comb	데리다	to bring (someone)
다양하다	to be various	시어머니	(wife's) mother-in-law
구경거리	things to look at	시아버지	(wife's) father-in-law
달다 (달라고)	to give	당장	right now
기억나다	to remember		

Check the Contents!

1 아내는 서울에 가는 남편에게 무엇을 사 오라고 했습니까?
What did the wife ask her husband to buy who was going to Seoul?

2 시아버지는 왜 거울을 바닥에 던졌습니까?
Why did the father-in-law throw the mirror on the floor?

17. 개와 고양이와 구슬

옛날 어느 마을에 개와 고양이와 함께 사는 할머니가 있었습니다. 할머니는 강 근처에서 걷다가 물 밖에 나와 있는 잉어를 보았습니다. 가까이 가 보니까 잉어가 눈물을 흘리고 있었습니다. 할머니는 잉어가 불쌍해서 강물 속에 넣어 주었습니다. 얼마 후 물속에서 한 아이가 나왔습니다.

"할머니, 정말 감사합니다. 할머니가 아니었다면 저는 죽었을 겁니다."

아이의 말을 듣고 놀란 할머니에게 아이는 계속 말했습니다.

"제가 그 잉어입니다. 할머니, 이것은 제 선물입니다. 받아 주세요."

아이는 할머니에게 구슬을 주고 다시 잉어로 변해서 물속으로 들어갔습니다. 그 구슬은 신기한 구슬이었습니다. 구슬을 보고 "집"이라고 말하면 집이 나오고 "돈"이라고 말하면 돈이 나왔습니다. 할머니는 금방 부자가 되었습니다. 강 건너 이웃 마을에 사는 욕심쟁이 할머니가 이 소문을 듣고 할머니 집에 놀러 왔습니다.

"그 낡은 집이 이렇게 좋아졌네. 신기하기도 해라. 그 구슬 나도 한 번만 구경하게 해 줘요."

할머니는 구슬을 보여 주었습니다. 욕심쟁이 할머니는 구슬을 구경하다가 가짜 구슬을 진짜 구슬과 바꿔 놓고 가 버렸습니다. 구슬이 없어지자 할머니는 다시 가난해졌습니다. 크고 좋았던 집도 다시 낡은 집으로 변했습니다. 개와 고양이는 할머니의 진짜 구슬을 찾아오기로 했습니다. 개는 수영을 못 하는 고양이를 등에 태우고 강을 건넜습니다. 그리고 냄새를 맡아서 욕심쟁이 할머니의 집을 찾았습니다. 고양이는 쥐들을 모아 놓고 말했습니다.

"구슬을 찾아오지 않으면 너희들을 모두 잡아먹을 것이다!"

쥐들은 욕심쟁이 할머니의 집 여기저기를 돌아다녔습니다. 그리고 할머니의 구슬을 찾아왔습니다. 고양이는 구슬을 입에 물고 개는 고양이를 등에 태우고 집으로 가려고 다시 강을 건넜습니다.

강을 한참 건너다가 개는 구슬이 잘 있는지 궁금했습니다.

"고양이야, 구슬 잘 물고 있지?"

고양이는 구슬을 물고 있기 때문에 말을 할 수 없었습니다.

"고양이야, 구슬 잘 물고 있지?"

이번에도 고양이는 대답을 할 수 없었습니다.

"고양이, 너 구슬 떨어뜨린 거 아니야? 구슬 잘 물고 있어?"

"그래! 잘 물고 있어!"

그 순간 고양이가 물고 있던 구슬이 강물에 풍덩 빠졌습니다. 강을 거의 다 건넜을 때 고양이가 개의 등에서 뛰어내리며 말했습니다.

"네가 말을 시켜서 구슬이 물에 빠졌잖아. 너 때문이야!"

"뭐라고? 구슬을 물고 있던 건 너였다고! 너 때문에 구슬이 강물에 빠졌어."

개는 고양이와 싸우다가 집으로 가 버렸습니다. 배가 고파진 고양이는 강가에서 물고기를 잡았습니다. 그리고 물고기의 배를 한입 물었습니다. 그러자 물고기의 배 속에서 강물에 빠졌던 그 구슬이 나왔습니다. 고양이는 구슬을 물고 할머니에게 달려갔습니다. 할머니는 구슬을 찾아 준 고양이가 고마워서 고양이를 안았습니다. 이때부터 개는 밖에서 키우고 고양이는 방 안에서 키우기 시작했다고 합니다. 그리고 개와 고양이는 사이가 나빠졌다고 합니다.

The Dog, the Cat, and the Marble

Once upon a time in a certain village, there was an old woman who lived with a dog and a cat. The old woman was walking near a river when she saw a carp that had come out of the water. As she approached, she saw that the carp was crying. The old woman felt bad for the carp, so she placed it in the water. After a little while, a child came out of the water.

"Grandmother, thank you very much. If not for you, I would be dead."

The child continued to speak to the old woman, who was surprised to hear it.

"I am the carp. Grandmother, this is my gift to you. Please accept it."

The child gave the old woman a marble and then turned back into a carp and went back into the water. The marble was remarkable. If you looked at it and said "house," then a house came out of it, and if you said "money," then money came out of it. The old woman was soon rich. A greedy old woman who lived in the neighboring village across the river heard this news and went to the old woman's house to visit.

"Your shabby house has become this nice, eh? It's amazing. Let me see that marble one time."

The old woman showed her the marble. While the greedy old woman was looking, she swapped the real marble for a fake one and left. As the marble was gone, the old woman became poor again. Her large, fine house transformed into a shabby house again. The dog and the cat decided to find the old woman's real marble and bring it back. And then they followed the scent and found the greedy old woman's house. The cat gathered up the mice and spoke to them.

"If you don't find that marble and bring it back, I'm going to eat you all up!"

The mice wandered all over the greedy old woman's house. And they found the old woman's marble and brought it back. The cat bit the marble in its mouth, then got on the dog's back and they crossed the river again to go home.

After a long while crossing the river, the dog was curious about whether the marble was okay.

"Cat, you're biting the marble tight, right?"

Because the cat was biting down on the marble, it couldn't speak.

"Cat, you're biting the marble tight, right?"

This time too, the cat could not answer.

"Cat, you haven't dropped the marble, have you? You're biting the marble tight?"

"Yes! I'm biting it tight!"

In that instant, the marble that the cat had been biting fell with a splash into the river. When they had nearly crossed the river, the cat jumped off of the dog's back and said,

"The marble fell into the water because you made me speak. It's because of you!"

"What? You were the one biting the marble! It fell into the river because of you."

Fighting with the cat, the dog went home. The cat, who had grown hungry, caught a fish at the riverside. And it bit into the fish's belly with one big bite. And then the marble that had fallen into the river came out from the fish's belly. The cat bit the marble and ran to the old woman. The old woman was thankful and held the cat that had found the marble. They say that from then on, dogs began to be kept outside and cats were kept indoors, and the dog and the cat had a falling out.

Vocabulary

잉어	carp	맡다	to smell
건너다	to cross	모으다	to gather
소문	news, rumor	여기저기	all over
낡다	to be shabby, to be worn out	돌아다니다	to wander
가짜	fake	물다	to bite
진짜	real	한참	a long while
없어지다	to disappear, to go away	떨어뜨리다	to drop
등	back	순간	instant, moment
태우다	to (give someone a) ride	거의	nearly
냄새	scent	뛰어내리다	to jump off

Check the Contents!

❶ 고양이는 왜 구슬을 물에 빠뜨렸습니까?

Why did the cat drop the marble into the water?

❷ 왜 할머니는 고양이를 방에서 키웁니까?

Why did the old woman keep the cat indoors?

18. 호랑이와 곶감

 옛날에 어느 산에 호랑이 한 마리가 살았습니다. 호랑이는 배가 고파서 먹을 것을 찾으러 마을로 내려왔습니다.

"며칠을 굶었더니 너무 배가 고프군. 음, 이 집에 소가 있을 것 같은데……."

호랑이가 외양간에 들어가려고 하는데 "으앙" 하고 우는 소리가 들렸습니다. 아이의 엄마가 말했습니다.

"얘야, 울지 마. 밖에 호랑이 왔다."

그런데 아이는 더 큰 소리로 울었습니다. 호랑이는 생각했습니다.

'내가 무섭지 않다고?'

그때 엄마가 말했습니다.

"얘야, 여기 곶감 있다. 곶감."

그러자 아이는 울음을 그쳤습니다.

'곶감이 뭔데 아이가 울음을 그쳤지? 나보다 더 무서운 동물이 있다고?'

호랑이는 곶감이 무서워서 어두운 외양간에 들어가 숨었습니다. 호랑이는 크고 무서운 동물을 상상했습니다. 너무 무서워서 몸이 떨렸습니다.

'이 집에 곶감이라는 무서운 동물이 있었구나.'

마침 외양간 안에서는 소도둑이 소를 찾고 있었습니다.

'흠. 너무 어두워서 잘 보이지 않네. 분명히 이쯤에 소가 있을 텐데…….'

그때 외양간으로 들어오는 호랑이 등에 소도둑의 손이 닿았습니다.

'그래, 소가 바로 여기에 있었구나!'

소도둑은 떨고 있는 호랑이가 소인 줄 알고 호랑이 등에 탔습니다. 그리고 얼른 호랑이 목에 줄을 묶었습니다. 그 순간 무서운 곶감이 자기를 잡아먹으려 한다고 생각한 호랑이는 깜짝 놀라 밖으로 달렸습니다. 얼마 후 구름 뒤에 숨었던 밝은 보름달이 나타나자 소도둑은 자신이 타고 있는 것이 소가 아니라 호랑이였다는 것을 알았습니다.

'아니, 소가 아니라 호랑이네! 나는 이제 죽었구나.'

소도둑은 호랑이 목에 맨 줄을 더 꽉 잡았습니다. 도둑에게 잡힌 호랑이는 달리면서 생각했습니다.

'곶감이 나를 죽이려고 하는구나!'

호랑이는 곶감을 떨어뜨리려고 이리 뛰고 저리 뛰었습니다. 마침 소도둑의 옷이 나무에 걸려서 소도둑은 호랑이 등에서 내려오게 되었습니다.

'앗, 곶감이 떨어졌다.'

호랑이는 곶감이 따라올까 봐 무서워서 뒤도 보지 않고 열심히 도망갔습니다. 멀리 산으로 뛰어가는 호랑이를 보면서 소도둑은 생각했습니다.

'아, 다행이다. 이제 절대로 도둑질은 안 할 거야.'

The Tiger and the Dried Persimmon

Once upon a time, there was a tiger who lived in the mountains. The tiger was hungry, so it came down into the village to find something to eat.

"I haven't eaten for several days so I'm very hungry. Hm, this house looks like it has a cow……"

The tiger was going to go into the barn when it heard a crying sound. "Wah!" The child's mother said,

"Dear, don't cry. There's a tiger outside."

But the child cried even louder. The tiger thought,

'The child isn't afraid of me?'

Then the mother said,

"Darling, here's a dried persimmon. A dried persimmon."

And then the child stopped crying.

'What is a "dried persimmon" and why did it make the child stop crying? There's an animal even scarier than me?'

The tiger was scared of the dried persimmon so it went and hid in the barn. The tiger imagined a large and frightening animal. It was so scared that its body shook.

'So a scary animal called a dried persimmon lives in this house.'

Just then, a cattle thief was looking for a cow in the barn.

'Hm. It's so dark that I can't see well. There should definitely be a cow here……'

Then the cow thief touched his hand to the back of the tiger who had come into the barn.

'Right, the cow was right here!'

The cow thief thought the trembling tiger was a cow and climbed onto its back. And then he quickly tied a rope around the tiger's neck. In that instant, the tiger, who thought that a frightening dried persimmon was going to eat him up, was so surprised that it ran outside. A short while later, the bright full moon appeared from where it was hiding behind a cloud, and the cow thief realized that what he was riding wasn't a cow but a tiger.

'Wait, this isn't a cow, it's a tiger! I'm going to die.'

The cow thief held tighter to the rope around the tiger's neck. As the tiger, who was caught by the thief, ran, it thought,

'The dried persimmon is going to kill me!'

The tiger ran this way and that in order to make the dried persimmon fall off. At last, the cattle thief's clothes got stuck on a tree and the so the thief ended up coming down off the tiger's back.

'Oh, the dried persimmon fell off.'

The tiger was scared that the dried persimmon might follow after it, so it ran away quickly without looking back. As the cow thief watched the tiger run far off into the mountains, he thought,

'What a relief. I'll never steal again.'

 Vocabulary

내려오다	to come down	-쯤	about, around
굶다	to starve, to not eat	닿다	to reach, to touch
외양간	barn	떨다	to shake, to tremble
얘	darling, honey (pet name for a child)	얼른	quickly
		줄	rope
숨다	to hide	묶다	to tie, to knot
상상하다	to imagine	매다	to tie
떨리다	to shake, to tremble (passive verb)	꽉	tightly
		잡히다	to be caught
마침	just (at the right time), at last	이리	here, this way
도둑	thief	다행	relief

Check the Contents!

❶ 아이는 왜 울음을 그쳤습니까?

Why did the baby stop crying?

❷ 호랑이는 왜 산으로 도망쳤습니까?

Why did the tiger run away into the mountains?

19. 임금님 귀는 당나귀 귀

 옛날 어느 나라에 아주 잘생긴 임금님이 있었습니다. 그런데 임금님에게는 비밀이 하나 있었습니다. 그것은 요즘 귀가 점점 길어지고 있다는 것이었습니다. 어느 날 임금님은 생각했습니다.

'내 귀가 조금씩 길어지는 것을 사람들이 알면 나를 우습게 생각할 수도 있겠어.'

그래서 임금님은 귀를 가릴 수 있는 큰 왕관을 써야겠다고 생각했습니다. 임금님은 왕관을 만드는 노인을 불렀습니다.

"내 귀를 가릴 수 있는 왕관을 만들어라."

임금님의 귀를 본 노인은 웃음이 나오려고 했지만 참았습니다. 며칠 후 노인은 귀를 가릴 수 있는 멋진 왕관을 만들었습니다. 왕관을 본 임금님은 노인에게 많은 돈을 주며 말했습니다.

"내 귀를 본 사람은 너밖에 없으니 아무에게도 말하지 마라. 비밀을 지키면 편안하게 살 수 있을 것이다. 그러나 이 일이 알려지면 너를 그냥 두지 않을 것이다."

집으로 돌아온 노인에게 아내가 말했습니다.

"임금님을 가까이에서 보니까 어땠어요? 우리 임금님이 소문대로 잘생기셨어요?"

그 말을 들은 노인은 임금님의 귀가 생각이 나서 웃었습니다.

"아니, 왜 웃는 거예요?"

아내가 물었지만 노인은 아내에게 말할 수 없었습니다. 마을 사람들도 임금님을 직접 만나니까 어떠냐고 물었지만 사실대로 말할 수 없었습니다. 노인은 답답해도 참아야 했습니다. 사실대로 말하면 임금님에게 크게 혼날 것이기 때문입니다. 노인은 말할 수 있는 용기가 없었습니다. 몇 년 후 노인은 생각했습니다.

'나는 이제 늙어서 금방 죽을 테니 죽기 전에 속 시원하게 말이라도 다 해야겠다.'

노인은 나무가 많은 숲으로 갔습니다. 그리고 아무도 없는 것을 확인한 후에 어떤 바위 위에 올라섰습니다. 노인은 큰 소리로 말했습니다.

"임금님 귀는 당나귀 귀다! 임금님 귀는 당나귀 귀다!"

실컷 소리를 질렀더니 너무 시원했습니다. 며칠 후 노인은 편안한 마음으로 눈을 감았습니다. 그날 이후 아무도 없는 숲에서 바람이 불면 소리가 들렸습니다.

"임금님 귀는 당나귀 귀다."

이 소문은 임금님의 귀에도 들어갔습니다. 임금님은 화가 나서 나무를 전부 자르라고 했습니다. 그런데 바람이 불자 또 소리가 들렸습니다.

"임금님 귀는 당나귀 귀다."

임금님은 다시 생각했습니다.

'그래, 사실을 숨길 수는 없는 것이구나.'

그 후 임금님은 더 이상 귀를 가리지 않았습니다.

The King Has Donkey Ears

Once upon a time in a certain country, there was a very handsome king. But the king had one secret. The secret was that lately, his ears were growing longer bit by bit. One day, the king thought,

'If the people know that my ears are slowly getting longer, they might think of me as ridiculous.'

So the king thought he should wear a large crown that could hide his ears. The king called for an old man who made crowns.

"Make me a crown that can cover my ears."

The old man, who had seen the king's ears, wanted to laugh, but held back. A few days later, the old man had made a magnificent crown that could cover the king's ears. Seeing the crown, the king gave the old man a lot of money and said,

"Nobody has seen my ears except for you, so don't tell anyone about this. If you keep my secret, you can live comfortably. However, if this becomes known, I won't leave you be."

When he returned home, the old man's wife spoke to him.

"What was it like to see the king up close? Is our majesty as handsome as the rumors say?"

Hearing this, the old man thought of the king's ears and laughed.

"What, why are you laughing?"

Though his wife had asked, the old man couldn't tell her. The other villagers also asked what it was like to meet the king in person, but he couldn't tell them the truth. Even though the old man felt frustrated, he had to hold back. Because if he told the truth, the king would punish him seriously. The old man didn't have the courage to speak. A few years later, he thought,

'I'm old now and will die soon, so before I die, I should say everything I need to say.'

The old man went into a wood where there were many trees. And then after checking to make sure nobody was around, he climbed up and stood on top of a rock. The old man spoke in a loud voice.

"The king has donkey ears! The king has donkey ears!"

He felt so relieved to have shouted to his heart's content. A few days later, he passed away with his mind at ease. After that day, when the wind blew in the empty wood, a sound could be heard.

"The king has donkey's ears."

This rumor reached the king's ears as well. The king was angry, so he ordered that all the trees be cut down. But when the wind blew, the sound could be heard again.

"The king has donkey's ears."

The king thought about it once more.

'That's right, the truth can't be hidden after all.'

After that, the king no longer covered his ears.

A-Z Vocabulary

잘생기다	to be handsome	용기	courage
비밀	secret	숲	woods, forest
우습다	to be laughable, to be ridiculous	확인하다	to check, to confirm
가리다	to cover	바위	rock
왕관	crown	올라서다	to climb up and stand on
웃음	laugh, smile	실컷	to one's heart's content
멋지다	to be magnificent	(눈을) 감다	to close (one's eyes) [a euphemism for dying (to pass away)]
지키다	to keep, to protect		
그러나	however	전부	all
알려지다	to become known	숨기다	to hide
혼나다	to be scolded		

✐ Check the Contents!

❶ 임금님은 노인에게 어떤 왕관을 만들라고 했습니까?
What kind of crown did the king tell the old man to make?

❷ 노인이 편안히 눈을 감을 수 있는 이유는 무엇입니까?
What was the reason that the old man was able to pass away with his mind at ease?

20. 청개구리 이야기

옛날에 어느 연못에 엄마 청개구리와 아들 청개구리가 살고 있었습니다. 그런데 아들 청개구리는 항상 엄마 말을 듣지 않았습니다. 엄마가 산으로 가라고 하면 강으로 가고, 강으로 가라면 산으로 갔습니다. 어느 날 엄마 청개구리가 말했습니다.

"아들아, 엄마가 똑바로 말하는 것을 가르쳐 줄게. 잘 따라 해 봐. 개굴개굴."

"싫어요. 엄마, 전 거꾸로 하는 것이 좋아요. 굴개굴개."

엄마 청개구리는 한숨을 쉬면서 말했습니다.

"아들아, 그래도 이것만은 꼭 지켜야 해. 저 숲에는 뱀이 살고 있으니까 절대로 가면 안 된다."

하지만 아들 청개구리는 숲에 정말로 뱀이 살고 있는지 알고 싶었습니다. 그래서 엄마가 집에 없을 때 몰래 숲으로 갔습니다. 엄마 청개구리가 집에 돌아왔을 때 아들 청개구리가 보이지 않았습니다.

엄마 청개구리는 아들을 찾기 위해 서둘러 숲으로 갔습니다. 엄마 청개구리가 숲에 도착했을 때 큰 뱀이 아들 청개구리를 몸으로 감고 꼼짝 못하게 한 후 잡아먹으려 하고 있었습니다.

"안 돼!"

엄마 청개구리는 뱀을 향해 뛰어갔습니다. 엄마 청개구리는 뱀이 아들 청개구리를 잡아먹지 못하도록 죽을 힘을 다해 싸웠습니다. 뱀은 도망갔지만 엄마 청개구리는 독이 있는 뱀에게 물렸습니다.

엄마 청개구리는 죽어 가면서 생각했습니다.

'내 무덤을 산에 만들라고 하면 우리 아들은 연못 옆에 만들겠지……'

그래서 아들 청개구리에게 이렇게 말했습니다.

"아들아, 내가 죽으면 엄마 무덤은 연못 옆에 만들어라."

엄마 청개구리는 아들 청개구리에게 이렇게 마지막으로 부탁을 한 후 눈을 감았습니다.

"엄마, 안 돼요. 죽으면 안 돼요. 엄마. 흑흑흑."

아들 청개구리는 지금까지 엄마 말을 안 들은 것이 후회되었습니다. 이번에는 엄마 말을 잘 듣고 싶었습니다.

'내가 엄마 말을 안 들어서 나 때문에 엄마가 죽은 거야. 엄마 미안해요. 엄마의 마지막 말은 잘 들을게요. 흑흑흑.'

아들 청개구리는 엄마 무덤을 산에 만들지 않고 연못 옆에 만들었습니다. 며칠 후 비가 많이 내렸습니다. 아들 청개구리는 생각했습니다.

'비가 많이 오면 연못 물이 넘쳐서 엄마 무덤이 없어질지도 몰라.'

아들 청개구리는 엄마 무덤이 걱정되어서 연못 옆으로 갔습니다.

"안 돼. 비야, 오지 마. 개굴개굴, 개굴개굴."

아들 청개구리는 엄마 무덤 옆에서 비를 맞으며 계속 울었습니다.

지금도 청개구리는 비가 오면 엄마 무덤을 걱정하면서 운다고 합니다.

The Story of the Green Frog

Once upon a time in a certain pond, a mother green frog was living with her green frog son. But the son frog always did not listen to what his mother told him. If his mother said to go to the mountains, he would go to the river, and if she said to go to the river, he would go to the mountains. One day, the mother frog said,

"My son, mom will teach you how to speak correctly. Follow after me. Ribbit, ribbit."

"No. Mom, I like doing it backwards. Bit-rib, bit-rib."

The mother frog breathed a sigh as she said,

"Son, even so, you have to keep this one rule. There are snakes living in that forest over there, so you can never go there."

But the son green frog wanted to know if there were really snakes living in the forest. So when his mother wasn't at home, he secretly went to the forest. When the mother green frog returned home, she didn't see her son.

The mother green frog rushed to the forest to find her son. When the mother green frog arrived in the forest, a big snake was wrapping its body around the son green frog, in order to eat him up after it stopped him from moving.

"No!"

The mother rushed toward the snake. The mother green frog fought, using up all of her strength to stop the snake from eating the son green frog. The snake ran away, but the mother green frog had been bitten by the venomous snake.

As the mother green frog was dying, she thought,

'If I tell him to bury me in the mountains, my son will bury me next to the pond……'

So she said this to the son green frog:

"Son, when I die, bury me next to the pond."

In this way, after making her last request to the son green frog, the mother frog passed away.

"Mom, no. You can't die. Mom. Sob, sob."

The son green frog regretted not listening to what his mother said until now. This time, he wanted to listen to her well.

'Mom died because I didn't listen to her. I'm sorry, Mom. I'll listen well to your final words. Sob, sob.'

The son green frog didn't bury his mother in the mountains and instead made her a grave beside the pond. A few days later, it rained a lot. The son green frog thought,

'If it rains a lot, the water in the pond might overflow and Mom's grave will be gone.'

The son green frog was worried about his mother's grave, so he went to the side of the pond.

"No. Rain, stop. Ribbit, ribbit. Ribbit, ribbit."

The son green frog was hit by the rain as he continued to cry beside his mother's grave.

They say that even now, when it rains, the green frog cries because it's worried about its mother's grave.

 Vocabulary

항상	always	서두르다	to hurry, to rush
똑바로	correctly	(몸을) 감다	to wrap (one's body)
따르다	to follow	꼼짝	movement
거꾸로	backwards	향하다	toward
한숨	sigh	다하다	to use up
(숨을) 쉬다	to breathe	독	poison, venom
그래도	even so	물리다	to be bitten
뱀	snake	후회하다	to regret
절대로	never	넘치다	to overflow
정말로	really	맞다	to be hit

Check the Contents!

❶ 아들 청개구리는 엄마 청개구리의 무덤을 어디에 만들었습니까?
Where did the son green frog make the mother green frog's grave?

❷ 왜 청개구리는 비가 오는 날마다 웁니까?
Why do green frogs cry on each rainy day?

21. 도깨비방망이

 옛날에 마음씨 착한 동생과 욕심쟁이 형이 살았습니다. 어느 날 동생이 산에서 나무를 하는데 나무에서 개암이 떨어졌습니다. 착한 동생은 형과 나누어 먹으려고 땅에 떨어진 개암을 주워서 주머니에 담았습니다. 그러고는 열심히 나무를 했습니다. 정신없이 나무를 하다 보니 날이 어두워졌습니다. 그래서 집으로 가려고 했는데 갑자기 비가 쏟아졌습니다. 동생은 비를 피하려고 뛰다가 빈집을 찾아 들어갔습니다. 그리고 그 집에서 비가 그칠 때까지 기다리기로 했습니다. 집 안에서 쉬고 있는데 밖에서 이상한 소리가 들렸습니다. 이 소리는 틀림없는 도깨비 소리였습니다. 동생은 서둘러서 지붕 아래에 숨었습니다.

잠시 후 도깨비들이 집 안으로 들어왔습니다. 도깨비들은 방망이를 들고 몸을 흔들면서 춤을 추었습니다. 그리고 "금 나와라, 뚝딱, 은 나와라, 뚝딱!" 하고 노래도 불렀습니다. 그러자 정말로 금과 은이 쏟아져 나왔습니다. 지붕 아래에서 구경하고 있던 동생은 배가 고팠습니다. 그래서 주머니에서 개암을 꺼내 물었습니다.

'딱!'

딱딱한 개암에서 큰 소리가 났습니다. 방 안에 있던 도깨비들이 놀라서 말했습니다.

"이거 무슨 소리야?"

"나도 똑똑히 들었어."

"집이 너무 낡아서 무너지는 거 아니야? 도망가자!"

도깨비들은 아주 빨리 사라졌습니다. 어찌나 놀랐는지 방망이까지 놓고 사라져 버렸습니다. 동생은 지붕 아래에서 내려와서 도깨비들이 놓고 간 것을 보고 눈이 동그래졌습니다.

"어휴, 이게 웬일이야. 이제 난 부자가 되었네. 부자가 되었어."

동생은 도깨비방망이와 금과 은을 가지고 와서 부자가 되었습니다.

이 소식을 들은 욕심쟁이 형도 개암을 따러 산에 갔습니다.

'이 개암만 있으면 나도 부자가 될 수 있다는 거지? 히히히.'

욕심쟁이 형은 부자가 될 수 있다는 기대를 하며 동생이 말한 그 빈집에 들어갔습니다. 그리고 지붕 아래에 숨어서 날이 어두워지기를 여유롭게 기다렸습니다. 한참 후 도깨비들이 나타났습니다. 욕심쟁이 형이 개암을 꺼내 물자 "딱!"하고 큰 소리가 났습니다. 도깨비들은 지붕 아래에 숨어 있는 형을 보고 말했습니다.

"너였구나! 우리가 또 속을 줄 알고? 이제 안 속는다!"

"오해예요. 그건 제가 아니라고요!"

"아니긴 뭐가 아니야. 시끄럽다!"

도깨비들은 욕심쟁이 형을 잡고 도깨비방망이로 실컷 때려 주었습니다.

The Dokkaebi's Club

Once upon a time, there lived a kind-hearted younger brother and a greedy older brother. One day, the younger brother was cutting wood in the mountains when a hazelnut fell from a tree. The kind brother picked the fallen hazelnut up off the ground and put it in his pocket in order to share it with his older brother. And then he worked hard cutting wood. He worked so hectically that the day grew dark. And so he went to go home, but it suddenly began to pour with rain. The younger brother ran to avoid the rain, and then found an empty house and went inside. And then he decided to wait in the house until the rain stopped. He was resting inside the house but he heard a strange sound outside. This sound was, without a doubt, the sound of a dokkaebi. The younger brother hurried and hid under the roof.

A little while later, some dokkaebi came inside of the house. The dokkaebi were carrying a club and dancing, swaying their bodies. And they were singing, "Gold, come out, ttukttak, silver, come out, ttukttak!" And then gold and silver really came pouring out. The younger brother, who was watching from under the roof, was hungry. So he took the hazelnut out of his pocket and bit into it.

'Ttak!'

The hard hazelnut made a loud sound. The dokkaebi in the room were surprised and spoke.

"What's this sound?"

"I heard it clearly too."

"The house isn't falling down because it's so worn out, is it? Let's run away!"

The dokkaebi disappeared very quickly. They were so startled that they even left their club behind and disappeared. The younger brother came down from under the roof and his eyes grew round as he looked at what the dokkaebi had left behind.

"Whew, what's this? I've become rich now. I'm rich."

The younger brother took the dokkaebi's club, and the gold and silver, and became rich.

Hearing this news, the greedy older brother went into the mountains too to pick a hazelnut.

'If I have just this hazelnut, then I can become rich too, right? Hee hee hee.'

The greedy older brother went into the empty house that his younger brother had told him about. And then he hid beneath the roof and waited in relaxation until the day grew dark. After a long while, the dokkaebi appeared. When the greedy older brother took out the hazelnut and bit into it, it made a loud "Ttak!" sound. The dokkaebi saw the older brother hiding under the roof and said,

"So it was you! Did you think you could fool us again? We won't be fooled now!"

"This is a misunderstanding! That wasn't me!"

"What do you mean it wasn't you! Be quiet!"

The dokkaebi all grabbed the greedy older brother and hit him as they pleased with their club.

 Vocabulary

마음씨	heart	똑똑히	clearly
개암	hazelnut	동그랗다	to be round
땅	ground	어휴	Whew! (exclamation)
줍다	to pick up	웬일	what's this
정신없다	to be hectic	따다	to pick (a fruit, berry, etc.)
피하다	to avoid	기대	expectation
틀림없이	without a doubt	여유롭다	to be relaxed
지붕	roof	속다	to be fooled
흔들다	to shake, to sway	오해	misunderstanding
딱딱하다	to be hard	때리다	to hit

Check the Contents!

① 동생은 배가 고파서 무엇을 했습니까?

What did the younger brother do because he was hungry?

② 도깨비들은 왜 도망쳤습니까?

Why did all of the dokkaebi run away?

22. 호랑이 등에 탄 효자

 옛날 어느 산에 늙은 어머니를 모시고 사는 마음씨 착한 총각이 있었습니다. 어느 날 이 총각이 시장에서 숯을 판 돈으로 고기를 사서 집으로 돌아가고 있었습니다. 그런데 호랑이 한 마리가 나타나서 총각을 잡아먹으려고 했습니다. 그때 총각이 말했습니다.

"호랑아, 이 고기는 늙으신 어머니께 드리려고 산 거야. 요즘 어머니가 입맛이 없고 식사를 잘 못하시니까 건강이 많이 안 좋아지셨어. 나를 잡아먹더라도 마지막으로 어머니께 고깃국을 끓여 드릴 수 있게 해 줘. 부탁이야."

호랑이는 생각했습니다.

'흠, 사람들은 보통 죽지 않으려고 아무 말이나 막 하기는 하지. 그런데 이 사람은 좀 다른데? 어머니를 먼저 생각하는 사람은 처음 봤어. 거짓말하는 건 아닌지 확인해 봐야겠군.'

"그럼, 내 등에 타라. 내가 데려다주지."

호랑이는 총각을 등에 태우고 총각의 집에 데려다주었습니다. 총각은 국을 끓여서 어머니께 드렸습니다. 어머니가 맛있게 먹는 것을 본 총각이 말했습니다.

"어머니, 저는 급한 일이 생겨서 멀리 가야 해요. 한동안, 아니 오랫동안 집에 못 올 거예요. 이제 어머니는 산 아래에 있는 마을로 가서 사셔야 해요."

호랑이는 총각이 어머니에게 어떻게 하는지 보고 있다가 조용히 산으로 돌아갔습니다. 총각이 어머니께 인사하고 마당으로 나왔을 때는 이미 호랑이가 산으로 돌아간 후였습니다. 다음날 총각이 숯을 팔고 집으로 돌아가는데 어제 그 호랑이가 또 나타났습니다.

"내 부탁을 들어줘서 고마워. 이제 나를 잡아먹어도 좋아."

하지만 호랑이는 총각을 또 집까지 데려다주었습니다. 어머니를 위하는 총각의 마음이 진심인 것을 알았기 때문입니다. 이렇게 총각이 숯을 팔고 집으로 돌아갈 때마다 호랑이가 마중을 나와서 총각을 태우고 집에 데려다주었습니다. 그러던 어느 날 총각이 집으로 돌아가는 길에 호랑이가 보이지 않았습니다. 총각은 호랑이를 걱정하면서 기다렸지만 해가 져도 호랑이는 오지 않았습니다. 총각은 혼자 걸어서 집으로 돌아가고 있었습니다. 그런데 멀리에서 사람들이 모여 있는 것이 보였습니다. 가까이 가 보니까 호랑이가 구덩이에 빠져 있었습니다. 그런데 이 사람들은 호랑이의 가죽을 팔아서 돈을 버는 사람들이었습니다. 사람들이 호랑이를 죽이려고 할 때 총각이 말했습니다.

"안 돼요, 그 호랑이를 죽이지 마시고 저한테 파세요. 제가 가진 돈을 전부 드릴게요. 제발 부탁해요."

총각이 가진 돈은 모자랐지만 총각의 부탁이 너무 간절해서 사람들은 호랑이를 총각에게 팔았습니다. 사람들이 돌아간 후 총각은 호랑이를 구덩이에서 꺼내 주었습니다. 구덩이에서 나온 호랑이가 말했습니다.

"네 덕분에 내가 살았구나. 고맙다."

그 후로도 호랑이와 총각의 우정은 변하지 않았다고 합니다,

The Filial Son Who Rode on a Tiger's Back

Once upon a time, there was a kind-hearted young man who lived with his old mother in the mountains. One day, the young man used the money he made selling charcoal at the market to buy meat, and was heading home. But a tiger appeared and was going to eat up the young man. Then the young man spoke.

"Tiger, I bought this meat to give to my old mother. She doesn't have much appetite these days and isn't eating well, so her health has grown very poor. Even if you're going to eat me, let me boil a meat soup for my mother as my last deed. Please."

The tiger thought,

'Hm, ordinarily, people will carelessly say anything at all in order not to die. But this person is a little different. It's the first time I've seen a person who thought of their mother first. I should make sure he isn't lying.'

"Then ride on my back. I'll take you there."

The tiger took the young man on its back and brought him to his house. The young man boiled a soup and gave it to his mother. The young man, who saw his mother eat with relish, said,

"Mother, something urgent has come up, so I have to go far away. I won't be able to come home for a while- no, for a long time. You'll have to go live in the village below the mountain now."

The tiger watched what the young man did for his mother and then quietly went back into the mountains. When the young man said farewell to his mother and came out into the yard, it was after the tiger had already returned to the mountains. The next day, the young man went to sell charcoal and was returning home, but the tiger from the day before appeared again.

"Thank you for listening to my request. You can eat me up now."

But the tiger took the young man home once more. This was because it knew that the heart of the young man who took care of his mother was sincere. In this way, each time the young man went to sell charcoal and was coming home, the tiger would come out to meet the young man and give him a ride home. Then one day, the young man didn't see the tiger on his way home. He waited, worrying about the tiger, but even though the sun set, the tiger didn't come. The young man was walking back home alone. But then he saw a group of people gathered in the distance. As he went closer, he saw that the tiger had fallen into a pit. But these people were people who made their money selling tiger skins. When they were going to kill the tiger, the young man spoke.

"No, don't kill that tiger, sell him to me instead. I'll give you all the money I have. Please, I beg you."

The money that the young man had was not enough, but his request was so earnest that the people sold him the tiger. After they had left, the young man got the tiger out of the pit. The tiger who came out of the pit said,

"I'm alive because of you. Thank you."

It's said that after that, the friendship between the young man and the tiger never changed.

Vocabulary

숯	charcoal	진심	truth, sincerity
입맛	appetite	마중	meet
고깃국	meat soup	해	sun
막	carelessly	(해가) 지다	(for the sun) to set
거짓말하다	to lie	가죽	animal skin, leather
급하다	to be urgent	죽이다	to kill
한동안	a while	제발	please
오랫동안	a long time	모자라다	to not be enough
조용히	quietly	간절하다	to be earnest
위하다	to take care of	우정	friendship

Check the Contents!

① 총각은 숯을 판 돈으로 무엇을 샀습니까?

What did the young man buy with the money from selling charcoal?

② 총각은 왜 마을 사람들로부터 호랑이를 샀습니까?

Why did the young man buy the tiger from the villagers?

23. 망주석 재판

옛날에 전국을 돌아다니며 비단을 파는 비단 장수가 있었습니다. 어느 날 비단 장수는 비단이 무거워서 잠시 쉬고 싶었습니다. 그래서 주위에 쉴 만한 곳이 있는지 보았는데 마침 망주석 옆에 적당한 공간이 보였습니다. 비단 장수는 비단을 망주석 옆에 놓고 누웠습니다. 날씨도 따뜻하고 몸도 피곤해서 그런지 하품이 나왔습니다.

'하아, 졸려. 너무 졸리네. 조금만 자고 일어나야겠다.'

얼마 후, 비단 장수가 눈을 떴을 때 망주석 옆에 있던 비단이 없었습니다. 깜짝 놀란 비단 장수는 마을 원님을 찾아갔습니다.

"원님, 제 귀한 비단이 전부 없어졌습니다. 제발 제 비단을 찾아 주십시오."

"그래? 너는 어디에서 비단을 잃어버렸느냐?"

"마을 입구에 있는 망주석 옆에 두었는데 자고 일어나 보니까 없었습니다."

"그럼, 그 망주석이 도둑을 알고 있겠구나. 여봐라, 당장 가서 망주석을 잡아 와라."

망주석을 잡아가는 것을 본 마을 사람들은 망주석 재판을 구경하러 왔습니다.

"별일이 다 있네요. 망주석을 잡아 오다니요."

"그러니까요. 세상 살면서 망주석 재판은 처음 보네요."

원님은 많은 사람들 앞에서 망주석에게 물었습니다.

"비단 장수의 비단을 누가 가져갔느냐?"

망주석이 대답을 할 리가 없었습니다. 마을 원님이 다시 물어도 망주석은 대답이 없었습니다.

"여봐라, 망주석이 대답할 때까지 매우 쳐라."

매를 맞고 있는 망주석을 본 마을 사람들이 모두 웃었습니다. 화가 난 원님이 말했습니다.

"지금 내 재판을 보고 웃은 것이냐? 여봐라, 방금 웃은 사람들을 모두 감옥에 잡아넣어라."

사람들은 원님에게 잘못을 빌고 용서를 구했습니다. 원님은 비단을 가지고 오지 않으면 모두 감옥에 잡아넣겠다고 했습니다. 그래서 마을 사람들은 모두 집에 가서 비단을 가지고 왔습니다. 원님은 사람들이 가져온 비단을 한쪽에 쌓으라고 했습니다. 그리고 비단 장수에게 쌓여 있는 비단 중에 자신의 비단이 있는지 찾아보라고 했습니다. 그런데 정말로 그중에 비단 장수의 비단이 있었습니다. 원님이 말했습니다.

"너희들이 비단 도둑이었구나!"

"아닙니다. 저는 이웃 마을의 비단 장수에게서 이 비단을 샀습니다."

"저도 그 비단 장수에게서 비단을 샀습니다."

이렇게 해서 비단 장수는 잃어버린 비단을 찾았고 원님은 비단 도둑을 잡았답니다.

The Trial of the Tombside Stone Post

Once upon a time, there was a silk merchant who traveled the entire country selling silk. One day, the silk merchant wanted to rest for a bit as his silk was heavy. And so he looked around to see if there was anywhere he could rest in the area, and just then, he saw a suitable place next to a tombside stone post. The silk merchant placed his silk next to the stone post and lay down. Perhaps because the weather was warm and he was tired, he let out a yawn.

'Yawn, I'm sleepy. So sleepy. I should sleep just a little bit and then get up.'

A little while later, when the silk merchant opened his eyes, the silk that had been beside the stone post was gone. The startled silk merchant went to find the town magistrate.

"Magistrate, all of my precious silk is gone. Please find my silk."

"Is that so? Where did you lose your silk?"

"I put it down next to the tombside stone post at the entrance to the village, but when I slept and woke up, it was gone."

"Then the stone post should know the thief. Hey there, go right now to catch that stone post and bring it here."

The villagers, who saw men go to catch the stone post, came to watch the trial of the tombside stone post.

"Of all things. They're going to catch a stone post."

"I know. It's the first time in my life I've seen a stone post's trial."

In front of many people, the magistrate asked the tombside stone post,

"Who took the silk merchant's silk?"

There was no way that the stone post would answer. Even though the village magistrate asked again, the stone post didn't answer.

"Hey there, beat this stone post until it answers."

The villagers who saw the stone post being beaten with a cane all laughed. The angry magistrate said, "Are you watching my trial right now and laughing? Hey there, take everyone who laughed just now and put them in jail."

The people apologized to the magistrate for their mistake and asked for his forgiveness. The magistrate said that if the silk wasn't brought to him, he would put them all in jail. So the villagers all went home and brought back silks. The magistrate had the silks that the people brought put to the side in a pile. And then he told the silk merchant to look and see if his silk was among the pile of silks. But the silk merchant's silk really was there among them. The magistrate spoke.

"So you all were the silk thief!"

"No. I bought this silk from a neighboring village's silk merchant."

"I also bought silk from that silk merchant."

In this way, the silk merchant's lost silk was found, and the magistrate caught the silk thief.

Vocabulary

전국	the whole country	별일	anything, all things
비단	silk	매	rod, cane
장수	merchant	감옥	jail
공간	place, space	빌다	to beg, to apologize
하품	yawn	용서	forgiveness
졸리다	to be sleepy	(용서를) 구하다	to seek (someone's forgiveness)
원님	magistrate	한쪽	one side
귀하다	to be precious	쌓다	to pile up
입구	entrance	쌓이다	to be piled up
여봐라	Hey there! (exclamation)	그중	among them

Check the Contents!

❶ 비단 장수는 어디에서 비단을 잃어버렸습니까?
Where did the silk merchant lose his silk?

❷ 원님은 왜 사람들에게 감옥에 가기 싫으면 비단을 가져오라고 했습니까?
Why did the magistrate tell the people to bring silk if they didn't want to go to jail?

24. 신기한 항아리

 옛날 어느 마을에 가난한 농부가 살았습니다. 어느 날 농부가 밭에서 일을 하고 있는데 땅 밑에 뭔가 살짝 보였습니다. 농부는 궁금해서 땅을 파 보았습니다. 그것은 아주 큰 항아리였습니다. 농부는 항아리를 집으로 가지고 와서 그 안에 쟁기를 넣어 두었습니다. 다음날 농부는 밭에 일하러 가기 위해 어제 항아리 안에 넣어 둔 쟁기를 꺼냈습니다. 그런데 항아리 안에 쟁기가 하나 더 있었습니다.

'내가 잘못 봤나?'

농부는 눈을 비비고 다시 보았습니다. 방금 쟁기를 꺼냈던 그 항아리 안에 똑같은 쟁기가 하나 더 있었습니다. 농부는 이상하다고 생각하면서 그 쟁기를 꺼냈는데 항아리에 쟁기가 또 하나 생겼습니다.

'오, 물건을 넣으면 같은 물건이 계속 생기는 요술 항아리구나.'

농부는 항아리에 돈을 넣은 뒤 돈을 꺼내고 또 꺼냈습니다. 농부는 이렇게 해서 부자가 되었습니다. 가난한 농부가 갑자기 부자가 되었다는 말을 듣고 욕심쟁이 부자가 농부를 찾아왔습니다.

"그 항아리는 어디에서 난 건가?"

"제 밭에서 난 거지요."

"그렇지? 사실 오래전에 우리 할아버지가 그 밭에 항아리를 묻었는데 밭을 팔 때 항아리를 꺼내는 것을 깜빡 잊고 팔았다네. 그러니 그 항아리를 내가 다시 가지고 가야겠네."

"그게 무슨 말입니까? 지금은 제 밭 아닙니까? 제 밭에서 나왔으니 제 항아리지요!"

두 사람은 서로 자기 항아리라고 싸우다가 결국 원님을 찾아갔습니다. 신기한 항아리를 본 원님은 욕심이 났습니다. 이 기회에 신기한 항아리를 가져야겠다고 생각했습니다.

"이 싸움의 원인은 바로 저 항아리다. 여봐라, 지금 즉시 저 나쁜 항아리를 감옥에 잡아넣어라."

두 사람은 불만이 많았습니다.

"원님, 항아리 주인을 찾아 주셔야지요."

"됐다. 너희들 얘기는 충분히 들었다. 그리고 항아리는 감옥에 잡아 넣었으니까 너희 둘은 이제 싸울 일이 없어졌다. 이만 가 보거라."

두 사람은 불만족스러웠지만 집으로 돌아갈 수밖에 없었습니다. 밤이 되었을 때 원님은 신기한 항아리를 자기 집에 있는 창고로 가지고 갔습니다. 그러고는 항아리에 값비싼 최고급 비단을 넣어 보았습니다. 그러자 정말로 비단이 하나 더 생겼습니다. 원님은 기쁜 마음으로 방으로 들어갔습니다.

늦은 밤 곶감이 먹고 싶던 원님의 아버지가 창고에 왔다가 항아리를 보았습니다.

'내가 저번에 곶감을 여기 어디에 두었는데 어디였더라? 곶감이 이 안에 들어 있나?'

항아리 속을 보던 원님의 아버지는 항아리에 빠졌습니다.

"나 좀 꺼내 줘. 거기 누구 없느냐?"

이 소리를 듣고 놀란 원님이 와서 아버지를 꺼내 주었습니다. 그런데 잠시 후 항아리에서 또 소리가 들렸습니다.

"나 좀 꺼내 줘. 거기 누구 없느냐?"

원님이 아버지를 꺼내고 또 꺼내도 아버지가 계속 나왔습니다. 수없이 많은 원님의 아버지들은 항아리를 사이에 두고 서로 자기가 진짜 아버지라고 싸웠습니다. 그러다가 결국 항아리는 깨지고 말았습니다.

The Marvelous Pot

Once upon a time in a certain village, there lived a poor farmer. One day, the farmer was working in the fields and he caught the slightest glimpse of something under the ground. The farmer was curious, so he dug up the ground. The thing was a very large clay pot. The farmer brought the pot home and put his plow inside of it. The next day, in order to go work in the fields, the farmer took out the plow that he had left in the pot the day before. But inside of the pot, there was one more plow.

'Am I seeing things?'

The farmer rubbed his eyes and looked again. Inside of the pot from which he had just taken the plow was one more of the same plow. The farmer, thinking this was strange, took the plow out, but yet another plow appeared inside of the pot.

'Oh, this is a magic pot; if you put something inside of it, the same thing appears over and over again.'

After putting money in the pot, the farmer took some out and then took out even more. In doing this, the farmer became rich. A greedy rich man heard about the poor farmer who had suddenly become rich and came to see him.

"Where did that pot come from?"

"It came from my field."

"That's right, isn't it? Actually, a long time ago, my grandfather buried a pot in that field, and said that when he sold the field, he forgot to take out the pot. So I should take back that pot."

"What are you saying? Isn't this my field now? It came from my field, so it's my pot!"

The two people fought, each saying that the pot was theirs, and in the end, they went to see the magistrate. Seeing the marvelous pot, the magistrate became greedy. He thought that he should use this opportunity to take the marvelous pot.

"The cause of this fight is that very pot. Hey there, take that evil pot and put it in jail right now."

The two people had many complaints.

"Magistrate, you have to find the owner of the pot."

"It's fine. I've heard enough of your story. And since I've put the pot in jail, you two no longer have anything to fight about. Go on your way now."

The two people were dissatisfied, but there was nothing they could do except go back home. When it became night, the magistrate took the marvelous pot to the storehouse in his home. And then he placed the finest expensive silk in the pot. Then another bolt of silk really appeared. The magistrate went back inside with a happy heart.

Late at night, the magistrate's father, who wanted to eat a dried persimmon, came into the storehouse and saw the pot.

'Last time, I left a dried persimmon in here somewhere, but where was it? Is the dried persimmon in here?'

The magistrate's father, who had looked inside of the pot, fell into it.

"Get me out. Is anyone there?"

The startled magistrate heard this sound and came and got his father out. But a moment later, he heard another sound from the pot.

"Get me out. Is anyone there?"

Though the magistrate took his father out again and again, his father continued to come out of the pot. Countless fathers fought with one another, with the pot between them, saying that they were the real magistrate's father. And in the end, the pot ended up breaking.

 **Vocabulary**

살짝	slightly	원인	reason, cause
파다	to dig	즉시	immediately
쟁기	plow	불만	complaint
비비다	to rub	충분히	enough
똑같다	to be the same	이만	now
(땅에) 묻다	to bury (in the ground)	불만족스럽다	to be dissatisfied
깜빡	forgetfully	창고	storehouse
잊다	to forget	최고급	finest quality
자기	oneself	저번	that time, last time
기회	opportunity	수없이	countlessly, innumerably

📝 **Check the Contents!**

❶ 농부의 항아리는 어떤 항아리입니까?
   What kind of pot was the farmer's pot?

❷ 원님의 아버지는 항아리에 왜 빠졌습니까?
   Why did the magistrate's father fall into the pot?

25. 우렁이 각시

 옛날에 어느 가난한 총각이 농사를 지으며 혼자 살고 있었습니다. 어느 날 총각은 농사를 짓다가 말했습니다.

"이 농사를 지어서 누구랑 먹고 살지?"

"나랑 같이 먹고 살지."

총각은 깜짝 놀라 주위를 보았지만 아무도 없었습니다. 그런데 총각의 발 밑에 큰 우렁이 한 마리가 보였습니다.

"우렁아, 여기에 있으면 사람들이 실수로 너를 밟을 수도 있어."

혼자 사는 것이 외로웠던 총각은 우렁이를 주워서 집에 있는 물 항아리에 넣어 두었습니다.

다음 날 총각이 일을 하고 집으로 돌아와 보니 집이 달라져 있었습니다. 물건이 정리되어 있었고 방도 깨끗이 청소가 되어 있었습니다. 그리고 총각 이 바로 먹을 수 있도록 따뜻한 밥상이 차려져 있었습니다.

"누가 집에 왔다 갔지?"

총각은 이상하게 생각했지만 배가 고파서 밥을 맛있게 먹었습니다. 그런 데 그다음 날에도 밥상이 또 차려져 있었습니다. 총각은 누가 집안일을 해 주었는지 너무 궁금했습니다. 그래서 다음 날 일을 가는 척하고 숨어서 집 안을 보았습니다. 잠시 후 우렁이를 넣었던 항아리에서 아름다운 여자가 나 와 집안일을 했습니다. 여자는 일을 다 끝내 놓고 항아리 안으로 다시 들어 가려고 했습니다. 그때 총각이 말했습니다.

"안 돼요. 가지 말고 나랑 같이 살아요."

"전 사람이 아닙니다."

"괜찮아요. 우렁이면 어떻고 사람이면 어때요? 우리 같이 살아요."

　총각은 간절히 부탁했습니다. 우렁이 각시는 마음씨 착하고 부지런하며 열심히 사는 총각이 마음에 들었습니다. 그래서 두 사람은 함께 살기로 했습니다.

　그런데 어느 날 이 마을의 원님이 총각의 집 앞을 지나가다가 우렁이 각시를 보았습니다. 욕심 많은 원님은 우렁이 각시를 보고 첫눈에 반했습니다.

　"저렇게 아름다운 여자가 저 가난한 남자와 사는 것은 어울리지 않아."

　원님은 총각에게서 우렁이 각시를 뺏고 싶었습니다. 그래서 총각에게 내기를 하자고 했습니다.

　"내일 나하고 나무 빨리 심기 내기를 하자. 내가 지면 내 재산의 반을 주지. 그런데 만약 내가 이기면 네 아내는 내가 데리고 가겠다."

　원님이 돌아가자 총각은 한숨을 쉬며 우렁이 각시에게 말했습니다.

　"이 일을 어떻게 해야 할까요? 원님과 내기를 하지 않으면 죄를 만들어서라도 당신을 강제로 데려갈 거예요. 하지만 저는 내기에서 이길 자신이 없어요. 저 혼자서 어떻게 원님을 이길 수 있겠어요."

우렁이 각시는 총각에게 반지를 주면서 말했습니다.

"저는 사실 용왕님의 딸입니다. 이 반지를 바다에 던지면 문제가 해결될 거예요."

총각은 우렁이 각시의 반지를 바다에 던졌습니다. 그러자 바다에서 용왕님이 나타났습니다. 용왕님은 총각에게 호리병을 주며 필요할 때 호리병을 열라고 했습니다.

다음날 나무 심기 내기가 시작되자 원님은 사람들을 많이 데려와서 나무를 빨리 심었습니다. 총각은 용왕님이 준 호리병을 열었습니다. 그러자 호리병 안에서 더 많은 사람들이 나와 나무를 더 빨리 심어 주었습니다. 내기에서 진 원님은 화가 나서 말 타기 내기, 강 건너기 내기를 하자고 했습니다. 하지만 원님은 용왕님의 호리병 때문에 모든 내기에서 총각을 이길 수는 없었습니다. 결국 욕심 많은 원님은 포기하고 돌아갔습니다. 내기에서 이긴 총각은 원님 재산의 반을 받고 우렁이 각시와 행복하게 살았다고 합니다.

The Freshwater Snail Bride

Once upon a time, a poor young man was living all alone as a farmer. One day, the young man was farming, and then he said,

"If I'm farming like this, who will I eat and live with?"

"Eat and live with me."

The young man was startled and looked around, but nobody was there. But then the young man saw a large freshwater snail down beneath his feet.

"Freshwater snail, if you stay here, people might step on you accidentally."

The young man who had been lonely living all alone picked up the freshwater snail and put it in a vase of water at home.

The next day, when the young man came back home after working, the house was different. His things were organized and his room had been cleaned nicely. And so that the young man could eat right away, a warm meal had been set out on a table for him.

"Who was here and then left?"

The young man thought that this was strange, but he was hungry so he ate up the food heartily. But then the next day too, a meal was prepared for him. The young man was so curious about who was doing his housework for him. And so the next day, he pretended to go to work and hid, watching the house. A short while later, a beautiful woman came out of the vase where he had put the freshwater snail, and she did the housework. When the woman had finished all the work, she went to go back inside of the vase. Just then, the young man spoke.

"No. Don't go. Live with me."

"I'm not a person."

"That's all right. Who cares if you're a freshwater snail or a person? Let's live together."

The young man made his request earnestly. The freshwater snail bride liked the kind-hearted, industrious, and hard-working young man. And so the two of them decided to live together.

But then one day, the magistrate of the village was passing in front of the young man's house and he saw the freshwater snail bride. The greedy magistrate saw the freshwater snail bride and had a crush on her at first sight.

"It isn't suitable for such a beautiful woman to live with such a poor man."

The magistrate wanted to take the freshwater snail bride from the young man. And so he made a bet with the young man.

"Let's make a bet about who can plant trees faster tomorrow. If I lose, I'll give you half of my fortune. But if I win, I'll come and take your wife."

When the magistrate left, the young man sighed and spoke to the freshwater snail bride.

"What should I do about this? If I don't make the bet with the magistrate, he'll take you away by force, even if he has to make up a crime. But I don't have confidence that I'll win the bet. How can I win against the magistrate all on my own?"

The freshwater snail bride gave a ring to the young man as she said,

"I'm actually the dragon king's daughter. If you throw this ring into the sea, your problems will be solved."

The young man threw the freshwater snail bride's ring into the sea. And then the dragon king appeared from the sea. The dragon king gave the young man a gourd bottle and told him to open it when he needed it.

The next day, when the tree planting bet began, the magistrate brought a lot of people with him and quickly planted trees. The young man opened the gourd bottle that the dragon king had given to him. And then from inside of the bottle, even more people came out and planted trees even faster. The magistrate who lost the bet was angry, and said they should have a horseback riding bet, and a river crossing bet. But because of the dragon king's gourd bottle, the magistrate couldn't win any of the bets against the young man. In the end, the greedy magistrate gave up and went home. The young man who had won the bet received half of the magistrate's fortune, and it's said that he lived happily ever after with the freshwater snail bride.

Vocabulary

농사	farming	반하다	to have a crush on
밟다	to step on	어울리다	to be suitable, to go well together
달라지다	to become different		
정리되다	to be organized	뺏다	to take (away)
깨끗이	cleanly	죄	sin, crime
상	table	강제로	by force
차리다	to set, to prepare	자신(이 있다)	(to have) confidence
집안일	housework	반지	ring
끝내다	to finish	용왕님	the dragon king
첫눈	first sight	해결되다	to be solved
		＊호리병	gourd bottle

Check the Contents!

❶ 누가 총각 몰래 밥상을 차려 주었습니까?

Who secretly prepared meals for the young man?

❷ 총각은 원님과 내기에서 어떻게 이길 수 있었습니까?

How did the young man win his bet with the magistrate?

＊호리병

B1

26. 복 방귀 뀌는 며느리

 옛날 어느 집에 예쁜 며느리가 시집을 왔습니다. 며느리는 마음씨도 곱고 집안일도 아주 잘했습니다. 그래서 가족들은 며느리를 늘 아끼고 칭찬했습니다. 그런데 예쁜 며느리의 안색이 시간이 갈수록 나빠지기 시작했습니다. 얼굴색이 점점 노랗게 변하고 몸도 말라갔습니다. 시아버지가 며느리에게 어디 아프냐고 걱정하며 묻자 며느리가 대답했습니다.

"아버님, 부끄럽지만 제가 방귀를 참아서 그렇습니다."

시아버지는 웃음을 터뜨렸습니다.

"허허허, 방귀 때문이었구나. 방귀를 참으면 건강에 안 좋아. 내가 허락할 테니 내 앞에서 마음대로 방귀를 뀌어도 좋다."

"그런데 아버님, 제 방귀가 좀 셉니다. 날아가지 않도록 무거운 것을 잘 잡고 계세요. 그럼 방귀를 뀌겠습니다. 뿌우웅, 뿡뿡."

며느리가 그동안 참았던 방귀를 뀌자 천둥처럼 큰 소리와 함께 태풍 같은 바람이 불었습니다. 집이 흔들리고 방문이 날아갔습니다. 며느리의 안색은 다시 좋아졌지만 시아버지는 깜짝 놀라 말했습니다.

"애야, 미안하지만, 너하고 같이 살다가는 집이 다 없어지겠구나. 내가 너희 고향에 데려다줄 테니 거기에 가 있어라."

며느리는 속상했지만 시아버지의 마음을 이해할 수 있었습니다. 그래서 짐을 싸서 시아버지와 함께 집을 나왔습니다. 고향으로 가는 길은 멀었습니다. 한참을 가다가 큰 배나무 밑에 사람들이 앉아 이야기하고 있는 것이 보였습니다. 가까이 가 보니 여러 물건을 팔러 다니는 사람들이었습니다. 그 중에 한 비단 장수가 말했습니다.

"저 위에 열린 배 좀 봐요. 참 맛있게 생겼네."

"음, 아주 잘 익었는데 너무 높아서 딸 수가 있나?"

"우리 내기할까? 저 배를 따는 사람에게 자기가 가지고 있는 물건의 반을 주는 거야."

"그거 좋지."

며느리는 그 말을 듣고 배나무 밑에 앉아 있는 사람들에게 물었습니다.

"그거 정말이지요? 정말로 저 배를 따 주면 여기 있는 물건의 반을 주는 거지요?"

"아, 그렇다니까요. 그런데 너무 높아서 딸 수 없을 겁니다."

"좋아요. 제가 지금 배를 따 드릴 테니까 약속 꼭 지키셔야 합니다. 모두 이쪽으로 물러나세요."

며느리는 배나무 옆에 갔습니다. 엉덩이를 나무 쪽으로 향하고 배에 힘을 모아서 방귀를 뀌었습니다.

"뿌우웅, 뿡뿡."

그러자 태풍 같은 방귀 바람에 나무가 흔들리더니 배들이 우두둑 떨어졌습니다. 배나무 아래에는 배가 가득 쌓였습니다. 사람들은 모두 놀랐습니다. 그리고 약속대로 며느리에게 자신들이 가지고 있던 물건의 반을 주었습니다. 그 모습을 보고 있던 시아버지가 사과하며 말했습니다.

"얘야, 고향에 가 있으라고 해서 미안하다. 우리 며느리 방귀가 복 방귀인데 그걸 몰랐구나. 고향에는 다음에 가고 지금은 우리 집으로 다시 돌아가자."

시아버지와 며느리는 다시 집으로 돌아갔습니다. 그리고 며느리는 마음 편하게 방귀를 뀌며 행복하게 잘 살았다고 합니다.

The Daughter-in-Law Who Passed Lucky Gas

Once upon a time, a pretty daughter-in-law came to live in her in-laws' home. The daughter-in-law was kind-hearted and did the housework very well. And so the family always treasured her and complimented her. But as time went on, the pretty daughter-in-law's complexion began to worsen. Her face gradually turned yellow and her body grew thin. When the father-in-law, worried, asked the daughter-in-law if she was sick, the daughter-in-law answered.

"Father, it's embarrassing but this is because I've been holding in my gas."

The father-in-law burst into laughter.

"Hohoho, so it was because of gas. It's not healthy to hold in your gas. I'll give you permission, so you can pass gas in front of me whenever you please."

"But Father, my gas is a little strong. Please hold onto something heavy so that you won't fly away. All right, I'm going to pass gas now. Toooot, toot toot."

When the daughter-in-law passed the gas she had been holding in all that time, there was a loud sound like thunder and a wind blew like a typhoon. The house shook and the door flew open. The daughter-in-law's complexion was better again, but the father-in-law was shocked and said,

"Dear, I'm sorry, but if I live with you, my house will be blown away. I'll bring you to your hometown, so go stay there."

The daughter-in-law was upset but she understood her father-in-law's feelings. And so she packed her things and left the house together with her father-in-law. It was a long way to her hometown. They went for a long time and then saw people sitting under a big pear tree and talking. As they got closer, they saw the people were travelers selling various things. Among them was a silk merchant, who spoke.

"Look at that pear that grew up there. It sure looks delicious."

"Yeah, it's very ripe, but it's too high. Can you pick it?"

"Shall we make a bet? To the person who can pick that pear, everyone gives half of their items."

"Sounds good."

The daughter-in-law heard this and asked the people sitting under the tree,

"Is that true? Will you really give half of the things here to whomever picks that pear?"

"Hey, that's what I said. But it's too high up, so you won't be able to pick it."

"All right. I'll pick that pear for you now, so you have to keep your promise. Everyone step back this way."

The daughter-in-law went next to the pear tree. She pointed her rear end toward the tree, gathered her strength in her stomach, and passed gas.

"Toooot, toot toot."

And then as the tree shook in the wind from her gas, which was like a typhoon, pears rained down from the tree. Pears piled up beneath the pear tree. All of the people were shocked. And then as promised, they gave half of their things to the daughter-in-law. The father-in-law, who was watching this, apologized, saying,

"Dear, I'm sorry I told you to go stay in your hometown. My daughter-in-law's gas is lucky gas, but I didn't know that. Go to your hometown next time, and for now, let's go back to our house."

The father-in-law and daughter-in-law returned home again. And they say that the daughter-in-law lived happily ever after, passing gas comfortably as she pleased.

곱다	to be beautiful, to be kind	태풍	typhoon
칭찬하다	to compliment, to praise	흔들리다	to shake
안색	complexion	방문	door (of a room)
나빠지다	to get worse	속상하다	to be upset
노랗다	to be yellow	짐	bags, luggage
터뜨리다	to burst	(과일이) 열리다	(for fruit) to grow
허락하다	to permit	익다	to ripen
세다	to be strong	물러나다	to stand back, to back away
날아가다	to fly away		
천둥	thunder	사과하다	to apologize

Check the Contents!

① 며느리의 얼굴색은 왜 점점 노랗게 변했습니까?

Why did the daughter-in-law's face gradually turn yellow?

② 시아버지는 왜 며느리의 방귀를 복 방귀라고 말했습니까?

Why did the father-in-law say that his daughter-in-law's gas was lucky gas?

27. 빨간 부채 파란 부채

 옛날 어느 마을에 욕심쟁이가 살고 있었습니다. 이 욕심쟁이는 심심해서 마을 곳곳을 돌아다니다가 나무 밑에서 주머니 하나를 주웠습니다. 주머니 안에는 빨간 부채와 파란 부채가 들어 있었습니다. 욕심쟁이는 빨간 부채를 펴서 한번 부쳐 보았습니다. 그러자 코가 길어졌습니다.

"아니, 이게 뭐야? 코가 길어졌네!"

그러다가 이번에는 파란 부채를 펴서 한번 부쳐 보았습니다. 그러자 코가 짧아졌습니다.

"아, 이건 요술 부채구나. 이걸 가지고 돈을 벌 수 있겠어."

욕심쟁이는 마을에서 가장 큰 부잣집에서 잔치가 있다는 것을 알고 그 집에 갔습니다. 그러고는 부자 영감에게 빨간 부채를 살살 부치면서 축하 인사를 하고 나왔습니다. 잠시 후 부자 영감은 자기의 코가 길어졌다는 것을 알았습니다. 하지만 왜 코가 길어졌는지는 알 수 없었습니다. 부자 영감은 마을에서 실력이 뛰어나다고 소문이 난 의사들을 불러서 코를 고치려고 했지만 아무도 고칠 수 없었습니다. 부자는 자신의 코를 고쳐 주는 사람에게 재산의 반을 주겠다고 했습니다. 이때 욕심쟁이는 가짜 약을 만들어서 부자를 찾아갔습니다.

"아이고, 이게 무슨 일입니까? 이건 비밀인데, 우리 집안에만 내려오는 약이 있습니다. 조상님들이 만든 아주 특별한 약이지요. 이 약을 먹으면 원래대로 돌아올 겁니다."

"그래? 그런 약이 있다고?"

부자는 욕심쟁이가 만든 가짜 약을 먹었습니다.

"에헴, 방이 좀 덥지요?"

욕심쟁이는 이렇게 말하면서 부자 영감에게 파란 부채를 살살 부쳤습니다. 그랬더니 길었던 부자 영감의 코가 점점 짧아졌습니다. 부자 영감은 코가 원래대로 돌아오자 매우 기뻐하며 욕심쟁이에게 약속대로 재산의 반을 주었습니다.

부자가 된 욕심쟁이는 일도 안 하고 집에서 매일 놀기만 하니까 너무 심심했습니다. 그래서 코가 얼마나 길어지는지 알아보기 위해 빨간 부채를 계속 부쳐 보았습니다. 욕심쟁이의 코는 점점 길어져서 지붕 위에 닿았습니다.

"오호, 재미있는데. 얼마나 더 길어지는지 부쳐 보자."

욕심쟁이는 부채질을 멈추지 않았습니다. 욕심쟁이의 코는 계속 길어져서 하늘나라까지 올라갔습니다. 하늘나라 임금님은 욕심쟁이의 코를 보고 화가 났습니다.

"감히 코가 하늘까지 올라오게 하다니 저 코를 당장 나무에 묶어라."

하늘나라 사람들은 줄을 가지고 와서 욕심쟁이의 코를 나무에 묶었습니다. 욕심쟁이는 갑자기 코가 답답해져서 코를 다시 짧게 하려고 파란 부채를 부쳤습니다. 그러자 욕심쟁이의 코가 짧아지면서 몸이 하늘로 떠올랐습니다. 욕심쟁이는 하늘로 올라가면서 발버둥쳤습니다. 그러자 코를 묶은 줄이 풀려 버렸습니다. 그래서 욕심쟁이는 하늘에서 땅으로 떨어지고 말았답니다.

The Red Fan and the Blue Fan

Once upon a time, a greedy man lived in a certain village. This greedy man was bored, so he went here and there around the village, and then he picked up a pouch from under a tree. Inside the pouch were a red fan and a blue fan. The greedy man unfolded the red fan and tried waving it once. And then his nose grew longer.

"Hey, what's this? My nose got longer!"

And then this time he unfolded the blue fan and tried waving it once. And then his nose grew shorter.

"Ah, so this is a magic fan. If I have these, I should be able to earn some money."

The greedy man knew that the richest house in the village was throwing a feast, and he went to that house. And then he greeted the rich man while waving the red fan slightly, and came back out. A little while later, the rich man realized that his nose had grown longer. But he couldn't figure out why it had grown longer. The rich man called for a doctor who, according to the rumors in the village, was remarkably skilled, and asked the doctor to fix his nose, but it couldn't be fixed. The rich man said that he would give half of his fortune to whoever could fix his nose. Then the greedy man made some fake medicine and went to find the rich man.

"Goodness, what is all this? This is a secret, but there's a medicine that's only handed down in my family. It's a very special medicine that my ancestors made. If you take this medicine, you'll go back to the way you were originally."

"Really? That kind of medicine exists?"

The rich man took the fake medicine that the greedy man had made.

"Ahem, it's a bit hot in here, isn't it?"

As the greedy man said this, he waved the blue fan slightly at the rich man. And then the rich man's nose, which had grown longer, grew shorter bit by bit. When the rich man's nose had returned to how it had been originally, he was very happy and gave the greedy man half of his fortune, as promised.

The greedy man who had become rich didn't work and just played in his house every day, and so he grew very bored. So in order to see how long his nose would become, he tried waving the red fan continuously. The greedy man's nose grew longer bit by bit, and grew long enough to reach the top of the roof.

"Oho, that's interesting. Let's try fanning some more to see how much longer it can get."

The greedy man did not stop fanning himself. His nose continued to grow longer and reached up to the heavens. The king of the heavens saw the greedy man's nose and was angry.

"How dare this nose be allowed to touch the heavens. Tie that nose to a tree right now."

The people of heaven brought a rope, and came and tied the greedy man's nose to a tree. The greedy man's nose suddenly felt stuffy, so he waved the blue fan in order to make it shorter again. And then, as the greedy man's nose grew shorter, his body floated up toward the sky. The greedy man struggled as he rose into the heavens. And then the rope that tied his nose was released. And so the greedy man ended up falling down to earth from the heavens.

Vocabulary

곳곳	all over, here and there	집안	family
펴다	to open, to unfold	조상	ancestor
(부채를) 부치다	to fan, to wave (a fan)	원래	origin
짧다	to be short	하늘나라	the heavens
부잣집	a wealthy family	감히	how dare (someone do something)
잔치	a feast		
살살	slightly, gently	떠오르다	to float
실력	skill	발버둥치다	to struggle
뛰어나다	to be remarkable	풀리다	to be released
재산	fortune, wealth		
아이고	Oh my!, Goodness! (exclamation)		

Check the Contents!

❶ 빨간 부채를 부치면 어떻게 됩니까?
  What happens if you wave the red fan?

❷ 욕심쟁이는 왜 코가 하늘까지 올라가도록 부채를 부쳤습니까?
  Why did the greedy man wave the fan so much that his nose reached up to the heavens?

28. 해와 달이 된 오누이

옛날 어느 산에 떡을 파는 어머니와 오누이가 함께 살고 있었습니다. 어느 날 어머니가 떡을 팔고 집으로 돌아오는 길에 호랑이를 만났습니다. 호랑이가 어머니에게 말했습니다.

"어흥~ 그 바구니에 뭐가 들어있지?"

어머니는 너무 무서워서 목소리가 떨렸습니다.

"이, 이건 떡, 떡이에요."

"그래? 떡 하나 주면 안 잡아먹지."

어머니는 얼른 떡을 던져 주고 도망갔습니다. 호랑이는 떡을 먹고 따라와서 또 말했습니다.

"떡 하나 주면 안 잡아먹지."

어머니는 이번에도 떡을 던져 주고 도망을 갔습니다. 하지만 어느새 호랑이는 어머니 앞에 와 있었습니다.

"떡 하나 주면 안 잡아먹지."

그런데 이번에는 남은 떡이 없었습니다. 어머니는 말했습니다.

"호랑이님, 제발 살려 주세요. 집에서 아이들이 기다리고 있어요. 제발요."

어머니가 간절히 부탁했지만 호랑이는 냉정하게 말했습니다.

"오, 그래? 하지만 떡이 없으니 어쩔 수 없어. 널 잡아먹어야겠다."

호랑이는 어머니를 잡아먹었습니다. 그리고 생각했습니다.

'집에 아이들이 있다고 했으니 아이들도 잡아먹을 수 있겠군.'

호랑이는 어머니의 옷을 입었습니다. 그러고는 아이들이 기다리고 있는 집으로 갔습니다. 집에 도착한 호랑이가 말했습니다.

"얘들아, 엄마 왔다. 문 열어라."

"엄마, 목소리가 이상해요. 왜 그래요?"

"날이 추워서 목이 쉬어서 그래."

오누이는 문틈으로 밖을 보았습니다. 밖에는 호랑이가 엄마의 옷을 입고 서 있었습니다. 그런데 엄마의 옷에 피가 묻어 있었습니다. 오누이는 조용히 창밖으로 나와 우물 옆 나무로 올라갔습니다. 밖에서 기다리던 호랑이가 힘으로 문을 열며 말했습니다.

"너희들 엄마한테 혼 좀 나야겠구나!"

하지만 오누이는 방 안에 없었습니다. 호랑이는 여기저기 오누이를 찾아다녔습니다. 그런데 우물에 아이들의 모습이 보였습니다. 호랑이는 오누이가 우물 안에 있다고 생각했습니다.

"얘들아, 거기 어떻게 들어갔니?"

나무 위에 앉아 있던 동생은 호랑이가 바보 같아서 웃었습니다. 동생이 웃는 소리를 들은 호랑이는 오누이가 나무 위에 있다는 것을 알고 나무 위로 올라가려고 했습니다. 그러자 오빠가 말했습니다.

"손에 참기름을 바르면 쉽게 올라올 수 있어."

호랑이는 손에 참기름을 바르고 올라가려고 했지만 미끄러워서 올라갈 수 없었습니다. 호랑이가 나무에서 계속 미끄러지는 모습을 본 동생이 웃으며 말했습니다.

"바보야, 도끼로 찍으면서 올라와야지."

호랑이는 그 말을 듣고 도끼로 찍으면서 나무에 올라왔습니다. 아이들은 무서워서 나무 꼭대기까지 올라갔습니다. 호랑이는 계속 올라오고 있는데 이제 더 이상 도망갈 곳이 없었습니다. 그래서 아이들은 기도했습니다.

"하늘님, 살려 주세요. 저희를 위해서 동아줄을 내려 주세요."

그러자 정말로 하늘에서 굵은 동아줄이 내려왔습니다. 아이들은 동아줄을 잡고 하늘로 올라갔습니다. 나무 꼭대기로 올라온 호랑이도 기도했습니다.

"하늘님, 저에게도 동아줄을 내려 주세요."

이번에도 하늘에서 동아줄이 내려왔습니다. 그런데 이 동아줄은 썩은 동아줄이었습니다. 그래서 호랑이가 잡은 동아줄이 하늘로 올라가다가 끊어져 버렸습니다. 결국 호랑이는 땅으로 떨어져 죽었습니다. 그 후 하늘로 올라간 동생은 해가 되고 오빠는 달이 되었다고 합니다.

The Sister and Brother Who Became the Sun and the Moon

Once upon a time, a widowed mother who sold rice cakes lived in the mountains with her children, a brother and sister. One day, on the way home from selling rice cakes, the mother met a tiger. The tiger said to the mother,

"Roar~ What's in that basket?"

The mother was so scared that her voice trembled.

"Th-these are r-rice cakes."

"If you give me a rice cake, I won't eat you."

The mother quickly tossed it a rice cake and ran away. The tiger ate the rice cake, followed after her, and said,

"If you give me a rice cake, I won't eat you."

This time too, the mother tossed it a rice cake and ran away. But then before she knew it, the tiger had come up to her.

"If you give me a rice cake, I won't eat you."

But this time, there were no rice cakes left. The mother said,

"Tiger, please spare me. My children are waiting at home. Please spare me."

The mother begged earnestly, but the tiger coldly said,

"Oh, really? But you don't have any rice cakes so there's nothing to be done. I'll have to eat you up."

After the tiger ate the mother, it thought,

'She said there were children at home, so I can eat the children too.'

The tiger dressed in the mother's clothes. And then it went to the house where the children were waiting. The tiger, arriving at the house, said,

"Children, Mommy is here. Open the door."

"Mommy, your voice is strange. What's wrong?"

"That's because it's cold out and I lost my voice."

The brother and sister looked out through a crack in the door. Outside, the tiger stood wearing their mother's clothes. But their mother's clothes were stained with blood. The brother and sister quietly went out the window and climbed up a tree beside a well. The tiger, who was waiting outside, forced the door open and said,

"Mommy will have to punish you two!"

But the brother and sister weren't inside the room. The tiger looked all over for them. But then it saw the sight of the children in the well. It thought that the brother and sister were inside of the well.

"Children, how did you get in there?"

The younger sister who was sitting up in the tree thought the tiger was foolish and laughed. The tiger, who heard the sound of the younger sister's laughter, realized that the brother and sister were up in the tree and went to climb up it. And then the older brother spoke.

"If you spread sesame oil on your hands, you can climb up easily."

The tiger spread sesame oil on its hands and went to climb up, but it was slippery so it couldn't. The younger sister, who saw the tiger continuing to slip off of the tree, laughed and said,

"You fool, you have to use an axe to climb up."

The tiger heard this and climbed up the tree using an axe. The children were scared, so they went up to the very top of the tree. The tiger kept coming up, but now there was nowhere else for them to run. And so the children prayed.

"God, please save us. Please lower a rope for us."

And then a thick rope really did come down from the heavens. The children grabbed the rope and climbed up to the heavens. The tiger, who had come up to the top of the tree, also prayed.

"God, please lower a rope for me too."

This time too, a rope came down from the heavens. But this rope was a rotten rope. And so the tiger grabbed the rope and climbed up toward the heavens, but then the rope broke off. In the end, the tiger fell back to the ground and died. It's said that after this, the younger sister who had climbed up to the heavens became the sun, and the older brother became the moon.

 **Vocabulary**

떡	rice cake	우물	well
바구니	basket	바보	fool
어느새	before one knows it	참기름	sesame oil
살리다	to save, to spare	미끄럽다	to be slippery
냉정하다	to be cold	찍다	to hit (with an axe)
오	Oh (exclamation)	꼭대기	top
(목이) 쉬다	to lose (one's voice)	기도하다	to pray
틈	crack, gap	동아줄	rope
묻다	to ask	썩다	to be rotten
창밖	out the window	끊어지다	to be cut off, to brake off

Check the Contents!

❶ 호랑이는 아이들의 어머니를 만났을 때 뭐라고 약속했습니까?
What did the tiger promise the children's mother when it met her?

❷ 호랑이는 어떻게 나무 위에 올라갔습니까?
How did the tiger climb up the tree?

29. 금덩이를 버린 형제

 옛날에 사이가 아주 좋은 것으로 유명한 형제가 있었습니다. 형은 동생을 자식처럼 아끼고 사랑했고 동생은 형을 부모처럼 따르고 존경했습니다. 어느 날 형은 멀리 사는 친척 집에 방문할 일이 생겼습니다. 형은 동생에게 같이 가자고 했고 동생도 당연히 형과 함께 가겠다고 했습니다. 그래서 두 사람이 함께 길을 가고 있었는데 동생이 말했습니다.

"형, 저게 뭐지? 저기 반짝이는 것이 있어."

동생의 말을 듣고 형이 그곳으로 가 보았습니다. 그곳에는 눈부시게 반짝이는 금 두 덩이가 있었습니다.

"아니, 이거 금덩이 아니야? 우린 이제 부자가 되었구나."

두 사람은 너무 기뻐서 서로 안고 뛰었습니다. 형과 동생은 사이좋게 금덩이를 하나씩 나누어 가졌습니다. 동생은 생각했습니다.

'이제 금을 팔아서 무엇을 할까? 땅을 살까? 아니면 집을 살까? 부자가 되었으니 결혼도 할 수 있겠지?'

동생은 생각할수록 신나고 행복했습니다.

형도 생각했습니다.

'이제 부자가 되었으니 조금 더 큰 집으로 옮기고 우리 아이들이 먹고 싶어 하는 고기도 실컷 사 줄 수 있겠구나.'

형도 행복한 생각에 얼굴이 활짝 펴졌습니다. 그런데 어느새 욕심이 생겼습니다.

"동생이 가진 금덩이가 내 것보다 큰 것 같은데? 내가 동생보다 가족도 많으니 내가 더 큰 걸 가져야 하는 거 아닌가? 내가 친척 집에 가자고 안 했으면 동생은 금덩이를 줍지도 못했을 거 아니야."

동생도 형처럼 욕심이 생겼습니다.

"금덩이는 내가 처음 봤어. 만약 형이 없었다면 금덩이는 모두 내 거였을 거야. 그럼 나는 더 큰 부자가 될 수 있을 테고."

이런저런 생각에 말이 없어진 두 사람은 강에 도착해서 함께 배를 탔습니다. 배에 앉아서 흐르는 강물을 바라보던 동생은 순간 머리를 흔들었습니다.

'내가 지금 무슨 생각을 하고 있는 거야? 겨우 이런 물건 때문에 형이 없었으면 좋았겠다는 생각까지 하다니.'

잠시 후 동생은 가지고 있던 금덩이를 강으로 던졌습니다. 형이 당황하여 물었습니다.

"아니, 왜 그래? 그 아까운 걸."

"형, 미안해. 금덩이 때문에 나쁜 생각을 하고 나쁜 감정만 들었어. 이런 물건은 가지고 있으면 안 될 것 같아."

그 말을 들은 형은 부끄러워서 얼굴이 빨개졌습니다.

"그래, 동생아, 네가 나보다 낫구나. 나도 금덩이를 가지게 되면서 나쁜 생각만 가득했어. 이런 금덩이는 돈으로 살 수 있지만 우리 형제의 우애는 돈으로 살 수 없지. 이런 물건은 나도 필요 없다."

이렇게 말하면서 형도 금덩이를 강물에 던져 버렸습니다. 그 뒤로 형제는 죽을 때까지 서로를 아끼고 도우며 행복하게 살았습니다.

The Brothers Who Threw Away Nuggets of Gold

Once upon a time, there were two brothers who were famous for getting along very well. The older brother cherished and loved the younger like his child, and the younger brother followed and respected the older like a parent. One day, something happened so that the older brother had to visit the home of relatives who lived far away. The older brother told the younger brother to go together with him, and of course, the younger brother said that he would go with his older brother. And so the two people were on their way together when the younger brother spoke.

"Elder Brother, what's that? There's something shining over there."

The older brother listened to the younger brother's words and went over there. In that place shined two dazzling nuggets of gold.

"Wait, isn't this a gold nugget? We're rich now."

The two of them were so happy that they held each other and leapt in the air. The older brother and younger brother harmoniously divided the gold and took one nugget each. The younger brother thought,

"What should I do now when I sell this gold? Should I buy land? Should I buy a house? I'm rich, so I should be able to get married too, right?"

The younger brother grew excited and happy as he thought.

The older brother also thought,

"Now that I'm rich, I can move into a house that's a bit bigger, and buy my children as much meat as they want to eat."

The older brother's face also broke out into a wide smile as he thought. But before he knew it, he grew greedy.

"The gold nugget my little brother has seems bigger than mine. Since I have a bigger family than my brother, shouldn't I take the bigger one? If I didn't say to him that we should go to our relatives' house, then he wouldn't have found the gold anyway."

The younger brother also grew greedy like the older brother.

"I saw the gold nuggets first. If my older brother weren't here, they'd both be mine. Then I'd become even more rich."

The two people, who had grown quiet thinking this and that, arrived at the river and got into a boat together. The younger brother, who sat in the boat and was watching the flowing river, shook his head.

'What am I thinking right now? How could I even think that it would be better if my brother weren't here just because of this thing?'

After a little while, the younger brother threw the gold nugget he was carrying into the river. Confused, the older brother asked,

"What are you doing? That thing is so precious."

"Elder Brother, I'm sorry. Because of the gold nugget, I only thought bad thoughts and had bad feelings. I don't think it's right to have this."

Hearing this, the older brother was ashamed and his face grew red.

"You're right, my younger brother, you're better than me. I've also been full of only bad thoughts since getting this gold nugget. This gold nugget can be bought with money, but our brotherly love can't. I don't need something like this either."

As he said this, the older brother also threw his gold nugget away in the river. After that, the brothers cared for each other and helped one another, and lived happily until the day they died.

Vocabulary

사이좋다	to be close, to get along well	이런저런	this and that
존경하다	to respect	강물	river water
친척	relative	겨우	just, only
(고향을) 방문하다	to visit (home)	당황하다	to be confused
당연히	of course	아깝다	to be precious
반짝이다	to dazzle	감정	feelings
눈부시다	to shine	빨개지다	to turn red
신나다	to be excited	낫다 (비교하여)	to be better (in comparison)
옮기다	to move	가득하다	to be full
활짝	wide (smile)	우애	brotherly/sisterly/friendly love

Check the Contents!

❶ 누가 금덩이를 발견했습니까?

Who discovered the gold nuggets?

❷ 형제는 왜 금덩이를 강물에 던졌습니까?

Why did the brothers throw the gold nuggets into the river?

30. 내 복에 산다

옛날 어느 마을에 딸이 셋 있는 부자 아버지가 있었습니다. 어느 날 아버지는 딸들을 불러서 물었습니다.

"첫째야, 너는 누구 덕분에 잘 먹고 잘 살지?"

"당연히 아버지 덕분에 잘 살지요."

아버지는 첫째 딸의 대답이 마음에 들었습니다. 곧이어 아버지는 둘째 딸에게도 물었습니다.

"둘째야, 너는 누구 덕분에 잘 먹고 잘 사느냐?"

"그거야 아버지 덕분이지요."

아버지는 매우 기뻐했습니다. 이번에는 셋째 딸에게 물었습니다.

"셋째야, 너는 누구 덕분에 잘 먹고 잘 살지?"

"제 복에 잘 살지요."

셋째의 대답을 들은 아버지는 화가 났습니다.

"뭐라고? 네가 지금까지 누구 덕분에 편안하게 살았는데 그걸 모른단 말이냐? 안 되겠구나. 네가 밖에 나가서 고생 좀 하고 굶어 봐야 정신을 차리겠구나. 내 집에서 당장 나가라."

아버지는 화를 내며 셋째 딸을 대문 밖으로 냉정하게 쫓아냈습니다.

"그래, 어디 네 복으로 잘 살아 봐라."

집을 나온 셋째 딸은 갈 곳이 없었습니다. 그저 길을 따라가다가 어느 산의 낡은 집 앞에 왔습니다. 집에서는 한 할머니가 밥을 하고 있었습니다. 할머니가 셋째를 보고 말했습니다.

"어휴, 날이 어두워지는데 산에서 아가씨 혼자 다니면 위험해요."

"네, 그런데 저는 갈 곳이 없어요."

할머니는 셋째의 이야기를 듣고 말했습니다.

"아이고, 불쌍해라. 그럼, 우리 집에서 같이 살아요."

셋째는 그 집에서 살다가 할머니의 아들과 정이 들어서 결혼하게 되었습니다. 할머니의 아들은 숯을 굽는 사람이었습니다. 하루는 셋째가 남편을 따라 남편이 일하는 곳에 갔습니다. 셋째는 남편이 숯을 구울 때 사용하는 숯가마의 돌을 보고 깜짝 놀랐습니다. 숯 때문에 까맣기는 했지만 자세히 보니 일반 돌이 아니라 분명히 금덩이였습니다.

"여기에 있는 돌들은 다 금이에요! 모두 집으로 가져가요."

남편은 그것이 금인지, 금이 얼마나 비싼 것인지 몰랐습니다. 셋째 딸은 남편에게 금덩이를 하나 주면서 말했습니다.

"이걸 시장에서 팔아 오세요. 만약 누가 얼마냐고 물으면 제값에 달라고 하세요."

남편은 곧장 시장에 가서 금 하나를 내려놓고 앉았습니다. 시간이 좀 지나자 어떤 사람이 와서 얼마냐고 물었습니다. 그래서 아내가 알려 준 대로 말했습니다.

"제값에 주십시오."

그러자 그 사람은 많은 돈을 내고 금을 가져갔습니다. 남편은 신나서 집으로 돌아왔습니다. 이렇게 금을 하나씩 팔아 금방 큰 부자가 되었습니다. 그런데 셋째 딸을 집에서 쫓아낸 아버지와 가족들은 점점 가난해졌습니다. 아버지는 결국 거지가 되어 여기저기 돌아다니다가 셋째 딸의 집까지 오게 되었습니다.

"밥 좀 주세요. 제발 밥 좀 주세요."

대문을 열고 들어오는 아버지를 셋째 딸은 첫눈에 알아보았습니다. 셋째 딸은 방에서 나와 아버지를 불렀습니다.

"아버지!"

아버지가 깜짝 놀라서 보니 진짜 셋째 딸이 맞았습니다. 셋째는 아버지에게 좋은 음식을 차려 주었습니다. 아버지는 그때 알았습니다.

"그래, 나는 너를 버리고 벌을 받아서 거지가 되었는데 너는 네 복에 잘 살고 있었구나. 내가 너를 오해하고 미워했구나. 미안하다."

아버지는 셋째 딸에 대한 나쁜 마음이 눈 녹듯이 사라졌습니다. 그 후로 셋째 딸은 아버지를 모시고 행복하게 살았습니다.

I Live on My Own Luck

Once upon a time in a certain village, there was a rich father who had three daughters. One day, the father called for his daughters and asked them,

"First daughter, thanks to whom do you eat well and live well?"

"Of course it's thanks to you, Father, that I live well."

The father liked his first daughter's answer. Soon after, he asked his second daughter as well.

"Second daughter, thanks to whom do you live well and eat well?"

"That's thanks to you, Father."

The father was very happy. This time, he asked his third daughter.

"Third daughter, thanks to whom do you eat well and live well?"

"I live on my own luck."

Hearing the third daughter's answer, the father grew angry.

"What did you say? I ask thanks to whom you've lived so comfortably until now and you don't know? That won't do. It seems you'll have to go outside and suffer a bit and starve in order to come to your senses. Get out of my house right now."

Angry, the father coldly kicked his third daughter out of the front gate.

"There, now try living well on your own luck."

The third daughter, who had come out of the house, had nowhere to go. She just followed along the road, and then arrived in front of an old house in the mountains. An old woman was cooking inside of the house. The old woman saw the third daughter and spoke.

"The day is growing dark, and it's dangerous for a young woman to walk alone in the mountains."

"Yes, but I have no place to go."

The old woman listened to the third daughter's story and said,

"Oh, you poor thing. Then live together with me in my house."

The third daughter lived in that house and then grew affectionate with the old woman's son and they got married. The old woman's son was a charcoal maker. One day, the third daughter followed her husband and went to the place where he worked. She saw the stones inside the charcoal kiln that her husband used when making charcoal and was shocked. They were all black because of the charcoal, but looking closely, she saw that they weren't ordinary stones but were clearly nuggets of gold.

"All of the stones here are gold! Let's bring them all home."

The husband didn't know that they were gold, or how expensive gold was. As the third daughter gave her husband one of the gold nuggets, she said,

"Go sell this at the market. If someone asks you how much it costs, tell them to give you the proper price."

The husband went straight to the market, set down the piece of gold, and sat down. After some time had passed, a person came and asked how much it was. So he spoke as his wife had told him to.

"Give me the proper price."

And then the person gave him a lot of money and took the gold. The husband was excited and returned home. In this way, they sold the gold one piece at a time and soon became rich. But the third daughter's father, who had kicked her out of the house, and his family had grown steadily poorer. Eventually, her father became a beggar who went all over, and then he came to the third daughter's house.

"Give me some food. Please give me some food."

The third daughter recognized in a glance her father, who opened the front gate and came in. The third daughter came out of her room and called for her father.

"Father!"

With a shocked look, the father saw that it was indeed his third daughter. The third daughter prepared something good for her father to eat. Then the father realized.

"I see, I abandoned you and was punished, so I became a beggar, but you were living well on your own luck. I misunderstood you and disliked you. I'm sorry."

The father's bad feelings toward his third daughter vanished in an instant, like melting snow. After that, the third daughter took care of her father and lived happily ever after.

A-Z Vocabulary

곧이어	soon after	*숯가마	charcoal kiln
고생	suffering	돌	stone
정신	senses	까맣다	to be black
화를 내다	to get angry	일반	ordinary
대문	front gate	제값	the right price
쫓아내다	to kick out	곧장	straight away
그저	just, only	거지	beggar
위험하다	to be dangerous	벌 (받다)	punishment (to be punished)
정	affection	미워하다	to dislike
굽다	to burn, to make (charcoal)	녹다	to melt

Check the Contents!

❶ 누구 덕에 잘 먹고 잘 사느냐는 아버지의 질문에 셋째 딸은 뭐라고 대답했습니까?
What did the third daughter say in answer to her father's question about thanks to whom did she eat well and live well?

❷ 숯을 굽는 총각은 금을 팔 때 뭐라고 말해서 많은 돈을 벌었습니까?
What did the young man who made charcoal say when he sold the gold in order to earn a lot of money?

*숯가마

50 Folktales
for Learners of
Korean

외국인 학습자를 위한 전래 동화 50선

31. 지혜로운 총각

옛날에 아주 지혜로운 총각이 있었습니다. 어느 날 총각이 길을 가는데 한 부부가 길에 앉아 울고 있었습니다.

"아이고, 돈 때문에 우리 애가 머슴이 된다니. 아이고, 흑흑흑."

총각이 부부에게 물었습니다.

"그게 무슨 말씀이신가요?"

"우리가 부자 영감님한테 돈을 빌렸는데 돈을 제때 갚지 못했다고 우리 아들을 머슴으로 데려갔어요. 돈 때문에. 흑흑흑."

총각은 마음씨 나쁜 그 부자 영감을 혼내 주어야겠다고 생각했습니다.

"제가 아이를 찾아드리겠습니다."

총각은 곧장 부자 영감의 집에 찾아갔습니다. 집 안에는 그 부부의 아들이 일을 하고 있었습니다.

"저는 이 집의 머슴이 되고 싶습니다."

이 말을 들은 부자 영감이 물었습니다.

"너는 왜 우리 집의 머슴이 되고 싶은 것이냐?"

"여기에서 살고 싶기 때문입니다. 저는 그냥 먹여 주고 재워 주고 입혀 주시기만 하면 됩니다."

"정말로 돈을 한 푼도 받지 않겠다는 것이냐?"

"그렇다니까요. 영감님은 속고만 사셨습니까?"

돈 한 푼 주지 않고 머슴을 쓸 수 있다는 것은 부자 영감에게 아주 좋은 조건이었습니다. 총각은 이 내용을 문서로 써 달라고 했습니다. 부자 영감은 총각의 마음이 변하기 전에 문서로 써 주었습니다. 총각은 부부의 아이는 일할 때 방해가 되니까 내보내 주라고 했습니다. 대신에 총각이 일을 더 열심히 하기로 했습니다.

　다음 날 아침, 일을 해야 할 총각이 방에서 나오지 않았습니다. 화가 난 부자 영감이 총각의 방에 들어가자 총각이 기다렸다는 듯이 말했습니다.

　"아니, 영감님, 왜 이제야 오십니까? 제가 얼마나 배가 고팠는지 아십니까? 빨리 밥을 먹여 주십시오."

　"네 밥은 네가 먹어야지. 왜 내가 먹여 주느냐?"

　"영감님이 여기 문서에 쓰지 않으셨습니까? 배고프니 빨리 먹여 주십시오. 그리고 다음부터는 제시간에 밥을 먹여 주십시오."

　부자 영감은 어쩔 수 없이 밥을 먹여 주었습니다. 밥을 다 먹은 후에도 총각은 일어나지 않았습니다.

　"영감님, 이제 옷을 입혀 주십시오."

　부자 영감이 총각에게 옷을 입혀 주자 그제야 총각은 밖으로 나가서 일을 했습니다. 조건대로 아주 열심히 일을 했습니다. 점심이 되자 총각은 또 밥을 먹여 달라고 했습니다. 부자 영감은 저녁에도 밥을 먹여 주었습니다.

　밤이 되자 총각이 부자 영감에게 말했습니다.

"영감님, 어서 재워 주십시오. 아, 참고로 저는 옛날이야기를 해 주어야만 잠들 수 있습니다. 어릴 때부터 버릇이 되어서요."

부자 영감은 잠도 못 자고 총각이 잠들 때까지 옛날이야기를 해 주어야 했습니다. 부자 영감은 총각이 잠이 들면 그제야 총각의 방에서 나올 수 있었습니다. 총각이 일은 아주 잘했지만 부자 영감은 총각에게 먹여 주고 입혀 주고 재워 주는 것이 너무 귀찮고 힘들었습니다. 그래서 부자 영감이 말했습니다.

"우리 계약은 없었던 것으로 하면 안 될까? 미안하지만 우리 집에서 일 안 해도 되니까 제발 좀 나가 줘."

"아니, 그게 무슨 말씀이십니까? 그러시면 곤란하지요."

"제발 좀 나가! 나가라고!"

부자 영감은 총각을 집에서 쫓아냈습니다. 그리고 총각은 웃으면서 부자 영감의 집에서 나왔습니다.

The Wise Young Man

Once upon a time, there was a very wise young man. One day, the young man was walking along the road when he saw a couple sitting in the road and crying.

"Oh heavens, our son is becoming a servant because of money. My goodness, Sob, sob."

The young man asked the couple,

"What do you mean?"

"We borrowed money from a rich old man, but we couldn't pay him back on time so he took our son away to be a servant. All because of money. Sob, sob, sob."

The young man thought that he should punish that mean-spirited rich old man.

"I'll find your child and bring him back to you."

The young man went straight to the rich old man's house. The couple's son was working inside the house.

"I want to become a servant in this house."

The rich old man, who heard this, asked,

"Why do you want to become a servant in my house?"

"Because I want to live here. All you have to do is feed me, arrange for me to sleep, and clothe me."

"You really won't take a single cent?"

"That's what I said. Have you been fooled all your life?"

To the rich old man, having a servant he could use without having to spend a cent were very good conditions. The young man asked him to write these details up in a document. The rich old man wrote the document for him before the young man could change his mind. The young man said that the couple's son would interfere with his work, so he asked for him to be sent away. In his stead, the young man decided he would work even harder.

The next morning, the young man, who had to work, did not come out of his room. When the angry rich old man went into his room, the young man spoke, as if he had been waiting.

"Hey, old man, why have you only just come now? Do you have any idea how hungry I am? Hurry up and feed me."

"You eat for yourself. Why should I feed you?"

"Didn't you write it here in this document? I'm hungry, so hurry up and feed me. And starting next time, feed me at the proper time."

There was nothing the rich old man could do, so he fed the young man. And even after he had finished eating, the young man didn't stand up.

"Old man, now clothe me."

When the rich old man dressed the young man, at last the young man came outside and worked. As per their conditions, he worked very hard. When it was lunch time, the young man once again asked to be fed. The rich old man fed him his dinner as well.

When night fell, the young man said to the rich old man,

"Old man, hurry up and put me to bed. Oh, for your information, I can only fall asleep if you tell me fairy tales. It's been a habit of mine since I was young."

The rich old man couldn't sleep and could only tell the young man fairy tales until he fell asleep. When the young man fell asleep, at last he could come out of the young man's room. The young man worked very well, but it was annoying and difficult for the rich old man to feed him and clothe him and put him to bed. And so the rich old man said this.

"Can't we carry on as if there were no contract? I'm sorry, you don't have to work in my house, so please just leave."

"What? What are you saying? That would make things difficult."

"Please, get out! Get out of here!"

The rich old man chased the young man out of his house. And the young man left the rich old man's house with a smile.

 **Vocabulary**

제때	on time, the proper time	내보내다	to send away
혼내다	to scold, to punish	대신에	instead, in someone's stead
머슴	servant (male), farmhand	이제야	at last
먹이다	to feed	제시간	the proper time
재우다	to put up (to give someone a place to sleep), to put to bed	참고	reference, information
입히다	to clothe, to dress	옛날이야기	fairy tale
돈 한 푼	a single coin(cent)	잠들다	to fall asleep
조건	condition	그제야	at last, at that time
문서	document	계약	contract
방해	disturbance	곤란하다	to be difficult

📝 **Check the Contents!**

❶ 부부의 아이는 왜 부자의 머슴이 되었습니까?

Why did the couple's son become the rich man's servant?

❷ 부자 영감은 왜 총각을 집에서 쫓아냈습니까?

Why did the rich old man kick the young man out of his house?

32. 냄새 맡은 값

어느 마을에 김 서방이 살았습니다. 김 서방이 일을 하고 집으로 돌아가는데 어디선가 맛있는 냄새가 풍겨 왔습니다.

"킁킁, 아~ 맛있는 고기 냄새."

배가 고팠던 김 서방은 냄새를 따라갔습니다. 그 냄새는 이 마을에서 마음씨가 나쁘기로 유명한 부자 영감의 집에서 나고 있었습니다. 김 서방의 발걸음은 부자 영감의 집 앞에서 멈추었습니다. 김 서방은 담 위로 얼굴을 내밀고 냄새를 맡았습니다. 그것을 본 부자 영감은 아랫사람을 시켜서 김 서방을 잡아 오게 했습니다.

"넌 누군데 함부로 내 고기 냄새를 맡는 것이냐? 세상에 공짜는 없는 법이니 냄새 맡은 값을 내라."

김 서방은 너무 황당하고 억울했습니다.

"아니, 세상에 냄새 맡은 값이 어디에 있습니까?"

"시끄럽다. 이 고기는 내가 10냥에 산 것이니까 내일까지 5냥을 가지고 오지 않으면 너를 그냥 두지 않을 것이다. 그나마 같은 동네 사람이라서 싸게 준 것이니 고마운 줄 알아라."

"5냥이라니요?"

"내가 이 좋은 고기를 구하려고 얼마나 애썼는지 알기나 하느냐? 거기다가 이 양념은 우리 집안의 비법으로 만든 거라고. 이렇게 특별한 고기 굽는 냄새를 맡았으니 당연히 돈을 내야지."

김 서방은 집에 돌아와서 한숨을 쉬었습니다.

눈치가 빠른 김 서방의 아들은 아버지에게 오늘 무슨 일이 있었느냐고 물었습니다. 아들은 오늘 아버지가 겪었던 이야기를 듣고 아버지에게 10냥을 마련해 달라고 했습니다. 김 서방은 똑똑한 아들을 믿고 돈을 빌려와 아들에게 주었습니다.

다음 날, 김 서방의 아들은 부자 영감을 찾아가서 돈주머니를 흔들며 말했습니다.

"영감님, 냄새 맡은 값을 드리러 왔습니다. 이 주머니에 10냥이 들어 있습니다. 소리가 잘 들리시지요?"

"오! 그래. 돈 소리가 아주 잘 들리는구나!"

"그럼, 됐습니다. 안녕히 계십시오."

"왜 돈을 안 주고 그냥 가느냐?"

"방금 돈이 흔들리는 소리를 듣지 않으셨습니까? 제가 방금 흔든 것은 10냥이니까 냄새 맡은 값 5냥은 충분히 치른 것 같습니다. 그럼 저는 가겠습니다."

김 서방의 아들은 이렇게 말하고 영감의 집을 나오려고 했습니다. 그때 부자 영감이 소리를 쳤습니다.

"세상에 그런 법이 어디에 있느냐? 너 지금 나를 놀리는 것이냐?"

그러자 김 서방의 아들은 말했습니다.

"냄새 맡은 값이 있으면 소리 들은 값도 있는 법이지요."

부자 영감은 아무 말도 할 수 없었습니다.

The Price of Smelling

In a certain village, there lived a Mr. Kim. Mr. Kim had worked and was going home when a delicious smell came wafting over from somewhere.

"Sniff, sniff. Ah~ That's the smell of delicious meat."

The hungry Mr. Kim followed the smell. The smell was coming from the house of a rich old man who was famous in this village for being mean-spirited. Mr. Kim's footsteps stopped in front of the rich old man's house. Mr. Kim jut his head over the wall and sniffed the smell. The old man, who saw this, ordered one of his subordinates to catch Mr. Kim and bring him in.

"Who do you think you are to so recklessly smell my meat? There's no law in this world that says anything is free, so pay me the price for that smell."

Mr. Kim thought this was very preposterous and unfair.

"Hey, where in this world is there a price for smelling?"

"Quiet. I bought this meat for 10 nyang, so if you don't bring me 5 nyang by tomorrow, I won't leave you be. You should be thankful as I'm at least giving this to you for a low price since you're from the same village."

"5 nyang?"

"Do you have any idea how hard I worked in order to buy this good meat? And on top of that, this marinade was made with my family's secret method. Since you've smelled the smell of this special meat cooking, of course you should pay."

Mr. Kim returned home and breathed a sigh.

Mr. Kim's quick-witted son asked his father if something was the matter today. The son heard about what his father had been through today and asked his father to prepare 10 nyang. Mr. Kim trusted his clever son, and went to borrow the money and gave it to him.

The next day, Mr. Kim's son went to find the rich old man and shook his money pouch as he spoke.

"Old man, I'm here to pay you the price for smelling. There's 10 nyang in this pouch. You can hear the sound of it, right?"

"Oh! Yes. I can hear the sound of the coins very well!"

"Then we're done. Be well."

"Why are you just leaving without giving me the money?"

"Did you not just hear the sound of the money shaking around? What I just shook was 10 nyang, so that should be enough to pay the 5 nyang price for smelling. I'll be off now."

Mr. Kim's son said this and the old man came out of his house. And then the old man shouted, "Where in this world is there a law like that? Are you mocking me right now?"

And so Mr. Kim's son said,

"If there's a price for smelling, then there's a law that says there's a price for hearing, too."

The rich old man could say nothing.

A-Z Vocabulary

서방	Mr. (used after the surname of a person with no official title)	그나마	at least
풍기다	to give off (a smell)	(물건을) 구하다	to get (something)
발걸음	footsteps	애쓰다	to work hard, to make an effort
담	wall	양념	marinade, sauce
내밀다	to stick out, to jut	비법	secret method
아랫사람	subordinate	눈치	wits, sense
함부로	recklessly	겪다	to go through
법	law	마련하다	to prepare
황당하다	to be preposterous	치르다	to pay
억울하다	to be unfair	놀리다	to mock, to make fun of

Check the Contents!

❶ 고기 냄새를 맡은 값은 얼마입니까?

What is the value of smelling the meat?

❷ 김 서방의 아들은 왜 냄새 맡은 값을 주지 않고 그냥 가려고 했습니까?

Why did Mr. Kim's son try to walk away without paying for the smell?

33. 효성스러운 호랑이

 옛날 어느 산속에 늙은 어머니를 모시고 사는 나무꾼이 있었습니다. 하루는 나무꾼이 산속에서 나무를 하고 있는데 커다란 호랑이가 나타났습니다. 호랑이는 나무꾼을 잡아먹으려고 한 걸음 한 걸음씩 나무꾼에게 다가왔습니다. 나무꾼은 살기 위해서 생각하고 또 생각했습니다. 그러고는 호랑이에게 달려가 절을 하며 말했습니다.

"아이고 형님, 드디어 형님을 만났군요. 어머니가 형님을 어릴 때 잃어버리고 얼마나 찾았는지 아십니까?"

호랑이는 말도 안 된다고 생각했습니다.

"그게 무슨 소리냐? 너는 사람이고 나는 호랑이인데 내가 왜 너의 형님이란 말이냐?"

나무꾼은 살기 위해 울면서 말했습니다.

"아닙니다. 우리 형님이 맞습니다. 흑흑. 산속에서 오랫동안 고생하시니 이렇게 몸에 털이 다 나고……. 흑흑흑, 아이고. 얼마나 고생이 많으십니까? 이제 제 얼굴도 몰라보시는군요."

호랑이는 지금까지 살면서 경험한 것들을 가만히 생각해 보았습니다. 사람들은 호랑이를 만나면 늘 무서워서 도망치거나 살려 달라고 했습니다. 그런데 나무꾼은 호랑이를 봐도 전혀 무서워하지 않고 오히려 반가워했습니다. 그래서 어쩌면 나무꾼의 말이 사실일지도 모른다고 생각했습니다.

"어머니는 지금도 형님이 꿈에 나온다고 하십니다. 어서 집에 같이 가시지요. 어머니가 기다리십니다."

그러고 보니 호랑이는 어릴 때 기억이 나지 않았습니다. 호랑이는 동생이 지금까지 어머니를 모시느라 고생했으니 이제 자기가 효도를 해야겠다고 생각했습니다. 그래서 나무꾼에게 이렇게 말했습니다.

"어머니가 지금 나를 보시면 놀라실 것이다. 그러니 오늘 밤에 내가 조용히 찾아갈 것이다. 네가 어머니께 잘 말씀드려라."

해가 지고 밤이 되자 호랑이는 토끼를 잡아서 나무꾼의 집 마당에 놓고 갔습니다. 마당에 있는 토끼를 보고 나무꾼의 어머니가 놀라서 나무꾼에게 말했습니다.

"얘야, 우리 집 마당에 웬 토끼가 있구나. 네가 사냥해 온 것이냐?"

나무꾼은 어머니에게 오늘 산에서 있었던 일을 이야기했습니다. 며칠 후 호랑이는 사슴을 잡아서 마당에 던져 놓고 갔습니다. 이렇게 몇 년이 지난 후 나무꾼의 늙은 어머니는 죽기 전에 말했습니다.

"내가 호랑이 아들 덕분에 잘 먹고 잘 지내다가 가는구나. 고맙다. 호랑이 아들아……."

늙은 어머니가 돌아가시자 나무꾼과 호랑이는 새끼 호랑이들과 함께 땅을 파고 어머니를 묻었습니다. 호랑이는 날마다 어머니 무덤을 지켰습니다. 그러다가 무덤 옆에서 죽었습니다. 얼마 후 나무꾼은 어머니 무덤에 갔다가 죽은 호랑이를 보고 어머니 무덤 옆에 잘 묻어 주었습니다.

The Filial Tiger

Once upon a time, there was a woodsman who lived in the mountains with his old mother. One day, the woodsman was cutting wood in the mountains and a large tiger appeared. The tiger approached the woodsman, one step at a time, to eat him up. The woodsman thought and thought of what he could do in order to live. And then he ran at the tiger and bowed, saying,

"Oh, Elder Brother, at last I meet you, Elder Brother. Do you have any idea how Mother has searched for you after losing you when you were young?"

The tiger thought this was ridiculous.

"What are you saying? You're a person and I'm a tiger, so why are you calling me your elder brother?"

In order to live, the woodsman cried and said,

"No. You are indeed my elder brother. Sob, sob. You've lived such a hard life in the mountains for so long that your body has grown hair all over like this⋯⋯ My goodness, sob, sob, sob. Oh, how you must have suffered. It seems you don't even recognize my face now."

The tiger sat still and thought of all the things he had experienced in his life until now. When people met the tiger, they were always afraid, so they would run away or ask him to spare them. But the woodsman wasn't afraid at all to see the tiger, and if anything, he was glad. And so he thought that perhaps what the woodsman said might be true.

"Mother says that you appear in her dreams even now. Let's go home together, quickly. Mother is waiting for you."

When he thought about it, the tiger couldn't remember anything from his youth. He thought that his younger brother had worked hard to take care of their mother until now, and so now, he should be a filial son. And so he said this to the woodsman.

"If Mother sees me now, she'll be startled. So I'll go to see her quietly tonight. You tell Mother about it."

When the sun set and it became night, the tiger caught a rabbit and left it in the yard of the woodsman's house. The woodsman's mother saw the rabbit in the yard and was surprised, so she spoke to the woodsman.

"Dear, there's some rabbit in our yard. Did you hunt it and bring it here?"

The woodsman told his mother what had happened today in the mountains. A few days later, the tiger caught a deer and tossed it into the yard and left. After a few years had passed like this, the woodsman's old mother said before she died,

"I'm dying after eating well and living well thanks to my tiger son. Thank you. My tiger son······"

When the old mother passed away, the tiger and his tiger cubs dug up the ground and buried the mother. And then the tiger protected the mother's grave, and then died at her graveside. After a while, the woodsman went to his mother's grave and then saw the dead tiger, and with a thankful heart, he buried him well next to his mother's grave.

A-Z Vocabulary

산속	in the mountains	도망치다	to run away
커다랗다	to be large	오히려	if anything, actually
다가오다	to approach	어쩌면	perhaps, maybe
달려가다	to run at	꿈	dream
절(을 하다)	(to) bow	효도	filial duty
형님	a title that a man uses for an elder brother	웬	some, a certain
몰라보다	to fail to recognize	사냥하다	to hunt
경험하다	to experience	사슴	deer
가만히	still	돌아가시다	to pass away
		새끼	babies, young, cubs

📝 Check the Contents!

❶ 호랑이는 왜 나무꾼을 잡아먹지 않았습니까?
  Why didn't the tiger eat up the woodsman?

❷ 늙은 어머니가 돌아가신 후 호랑이는 무엇을 했습니까?
  What did the tiger do after the old mother passed away?

34. 은혜 갚은 까치

옛날에 한 선비가 시험을 보러 서울에 가고 있었습니다. 서울에 가는 길은 꽤 멀어서 몇 개의 산을 넘어가야 했습니다. 어느 날 선비가 산길을 걷고 있는데 까치 우는 소리가 시끄럽게 들렸습니다. 까치 우는 소리가 너무 커서 선비는 소리가 나는 곳을 찾아 두리번거렸습니다. 근처에 있는 나무 위에서 흥분한 까치 두 마리가 큰 소리로 울면서 날고 있는 것이 보였습니다. 자세히 보니 큰 뱀이 새끼 까치를 잡아먹으려고 나무 위로 올라가고 있었습니다.

"어, 저러다가 둥지에 있는 새끼 까치들이 죽겠구나."

선비는 활을 쏘아 뱀을 죽이고 새끼 까치를 구해 주었습니다. 그리고 계속 길을 갔습니다. 어느덧 밤이 되어 선비는 쉴 만한 곳을 찾아야 했습니다.

그런데 마침 멀리에서 불빛이 보였습니다. 불빛을 따라가 보니 거기에는 집이 하나 있었습니다. 선비는 반가운 마음에 문을 두드렸습니다.

"계십니까? 아무도 안 계십니까?"

잠시 후 예쁜 아가씨가 나왔습니다. 선비는 아가씨에게 부탁하며 말했습니다.

"날이 어두워져서 그러니 하룻밤만 재워 주시면 감사하겠습니다."

"차려 드릴 것은 없지만 들어오시지요."

하루 종일 걸어서 피곤했던 선비는 방에 눕자마자 잠이 들었습니다. 그런데 얼마 후 선비는 숨이 막히고 답답해서 잠이 깼습니다. 선비가 눈을 떠 보니까 큰 뱀이 선비의 몸을 감고 선비를 노려보고 있었습니다. 뱀이 선비에게 말했습니다.

"오늘 낮에 네가 죽인 뱀은 내 남편이다. 그러니 나는 남편의 복수를 할 것이다."

뱀이 입을 크게 벌리고 선비를 잡아먹으려고 했습니다. 선비는 꼼짝할 수 없었습니다. 그때 선비가 말했습니다.

"아, 남편을 죽인 것은 정말 미안하다. 하지만 네 남편이 새끼 까치를 잡아먹으려고 했어. 새끼 까치들하고 그 옆에서 울고 있는 엄마 까치가 불쌍해서 그런 거라고."

뱀은 잠시 무언가 생각하다가 말했습니다.

"어린 새끼 까치를 위해서 그런 것이라니 너에게 기회를 주겠다. 저기 보이는 저 산꼭대기에 있는 빈 절에는 종이 하나 있다. 날이 밝기 전에 종소리가 세 번 울리면 하늘의 뜻으로 알고 너를 살려 주겠다."

선비는 생각했습니다.

'이 늦은 시간에 산속의 빈 절에서 종이 울릴 리가 없어. 아, 이제 나는 죽겠구나.'

그런데 얼마 후 종이 울렸습니다.

"뎅, 뎅, 뎅."

종소리를 들은 뱀이 선비에게 말했습니다.

"하늘이 너를 도왔구나."

뱀은 약속대로 선비를 놓아 주었습니다.

'이 밤에 산속에서 누가 종을 쳤을까?'

선비는 궁금해서 산꼭대기의 빈 절로 뛰어갔습니다. 그곳에는 엄마 까치가 머리에 피를 흘리며 죽어 있었습니다. 새끼를 살려 준 은혜를 갚은 것입니다. 선비는 까치를 잘 묻어 주었습니다.

The Magpie Who Repaid a Favor

Once upon a time, a scholar was going to Seoul to take an exam. The way to Seoul was very far, and he had to cross over several mountains. One day, the scholar was walking along a mountain road and he heard the loud sound of a magpie crying. The magpie's cries were so loud that the scholar looked around to find where the sound was coming from. At the top of a nearby tree, he saw two frantic magpies flying about as they cried loudly. Looking closely, he saw that a large snake was climbing up the tree where the magpies' nest was, in order to eat up the baby magpies.

"Oh, at that rate, the baby magpies will die."

The scholar shot an arrow and killed the snake, and saved the baby magpies. And then he continued on his way. Before he knew it, night fell and the scholar had to find a place where he could rest. But just then, he saw a light in the distance. When he followed the light, there was a house. The scholar knocked on the door, feeling glad.

"Is someone there? Is there nobody there?"

After a short while, a pretty young woman came out. The scholar spoke a request to the woman.

"The day has gone dark, so I would be thankful if you could put me up for just one night."

"I haven't anything to offer you, but please come in."

The scholar, who was tired from walking all day, fell asleep as soon as he lay down inside. But a little while later, the scholar couldn't breathe and felt suffocated, and he woke up. Opening his eyes, the scholar saw a large snake had wrapped itself around his body and was glaring at him. The snake spoke to the scholar.

"The snake that you killed today was my husband. So I'm going to get revenge for my husband."

The snake opened its mouth wide and was going to eat up the scholar. The scholar couldn't budge. And then he said,

"Oh, I'm truly sorry for killing your husband. But your husband was going to eat the baby magpies. I did it because I felt sorry for the baby magpies and the mother magpie who was crying beside them."

The snake thought of something for a moment, and then spoke.

"If you say it was for the sake of the baby magpies, then I'll give you a chance. There's a bell in the empty temple at the peak of that mountain you see over there. If the bell rings three times before the day breaks, I'll take it as the will of heaven and will spare you."

The scholar thought,

'There's no way that the bell at an empty temple in the mountains will ring at this late hour. Oh, I'm going to die now.'

But then a little while later, the bell rang.

"Dong, dong, dong."

Hearing the sound of the bell, the snake said to the scholar,

"The heavens have saved you after all."

As she had promised, the snake let the scholar go.

'Who could have rung the bell in the mountains on this night?'

The scholar was curious, so he rushed to the empty temple on the peak of the mountain. There was the mother magpie, dead, with blood flowing from her head. She had repaid the favor of saving the babies. The scholar buried the magpie properly.

 **Vocabulary**

꽤	very	두드리다	to knock
넘어가다	to cross over	종일	all day
두리번거리다	to look around	막히다	to be stopped up, to be unable to breathe
흥분하다	to be frantic		
둥지	nest	노려보다	to glare
활	arrow	복수	revenge
쏘다	to shoot	벌리다	to open
(생명을) 구하다	to save (a life)	산꼭대기	peak, mountain top
어느덧	before one knows it	절 (사찰)	(Buddhist) temple
불빛	light	종	bell
		(종이) 울리다	(for a bell) to ring

Check the Contents!

❶ 큰 뱀은 왜 선비를 죽이려고 했습니까?

Why was the snake going to kill the scholar?

❷ 누가 왜 종을 쳤습니까?

Who rang the bell and why?

35. 견우와 직녀

 옛날 하늘나라 임금님에게는 직녀라는 예쁜 딸이 있었습니다. 직녀는 베를 아주 곱게 잘 짜는 아가씨였습니다. 직녀가 결혼할 나이가 되자 임금님은 직녀에게 어울리는 남편으로 누가 좋을지 고민했습니다. 마침 직녀가 어느 날 땅으로 놀러 갔다가 소를 모는 견우를 보고 사랑에 빠졌습니다. 견우도 예쁜 직녀를 보고 첫눈에 반했습니다. 임금님은 소를 잘 몰고 성실한 견우가 마음에 들었습니다. 그래서 견우와 직녀는 임금님의 허락을 받고 결혼해서 하늘나라에서 살게 되었습니다. 그런데 두 사람은 결

혼한 후 함께 지내는 것이 너무 즐겁고 행복해서 일은 안 하고 매일 놀기만 했습니다.

하늘나라의 임금님은 매일 놀기만 하는 두 사람에게 매우 화가 났습니다. 그래서 두 사람에게 명령했습니다.

"너희 둘이 함께 있으면 게을러져서 안 되겠구나. 견우는 은하수의 동쪽 끝으로 가고 직녀는 서쪽 끝으로 가거라. 그러나 부부가 영원히 떨어져 살 수는 없으니 일 년에 단 하루, 음력 칠월 칠 일에만 만나도록 해라."

그래서 두 사람은 은하수를 사이에 두고 서로 멀리 떨어져 살아야 했습니다. 견우와 직녀는 서로를 그리워하며 칠월 칠 일이 오기를 기다렸습니다. 시간이 지나서 드디어 그날이 되었습니다. 두 사람은 만날 수 있다는 기대를 안고 서로를 향했습니다. 그리고 은하수에 도착했습니다. 그런데 은하수가 너무 넓고 깊어서 도저히 건널 수가 없었습니다. 견우와 직녀는 주저앉

아 서로의 이름을 부르며 눈물만 흘렸습니다.

"직녀님!"

"견우님!"

견우와 직녀가 흘리는 눈물은 빗방울이 되어 땅으로 떨어졌습니다. 그런데 그 눈물이 너무 많아서 땅에는 홍수가 났습니다. 산이 무너지고 강물이 넘쳤습니다. 많은 생명이 죽고 많은 것들이 물에 떠내려갔습니다. 그래서 동물들이 모였습니다.

"도대체 왜 이렇게 많은 비가 오는 거야?"

"견우님이랑 직녀님이 못 만나서 슬퍼서 비가 오는 거래."

"홍수 때문에 우리 다 죽겠어. 두 사람이 만나게 해 줄 수 있는 방법이 없을까?"

그때 까마귀와 까치가 말했습니다.

"우리가 하늘로 올라가서 다리를 만들어 주면 두 사람이 만날 수 있을 거야."

까마귀와 까치들은 견우와 직녀를 위해 은하수에 다리를 놓아 주기로 했습니다. 수많은 까마귀와 까치들이 은하수로 모여 다리를 만들었습니다.

"견우님, 직녀님, 우리를 밟고 지나가세요."

다리가 만들어지자 견우와 직녀는 달려와 서로를 안고 기쁨의 눈물을 흘렸습니다. 두 사람은 너무 행복했습니다. 두 사람은 까마귀와 까치가 만들어 준 오작교 위에서 그동안 못한 이야기들을 했습니다. 하지만 일 년을 기다린 두 사람에게 하루는 너무 짧은 시간이었습니다. 이 밤이 지나면 두 사람은 헤어져야 하기 때문에 아쉬워서 눈물을 흘렸습니다.

지금도 칠월 칠 일이 되면 견우와 직녀의 눈물이 비가 되어 내리고, 까마귀와 까치는 오작교를 만들기 위해 하늘로 올라가서 보기 힘들다고 합니다. 그리고 견우와 직녀가 까마귀와 까치의 머리를 밟고 만났기 때문에 칠월 칠 일이 지나면 이 새들의 머리가 벗겨진다고 합니다.

Gyeonu and Jingnyeo

Once upon a time, the king of the heavens had a beautiful daughter named Jingnyeo. Jingnyeo was a young lady who was very skilled and graceful at weaving. When Jingnyeo became a marriageable age, the king worried about who would be a suitable husband for her. At that time, Jingnyeo went down to the earth to play one day when she saw the cow herder Gyeonu and fell in love with him. Gyeonu saw the beautiful Jingnyeo and also fell in love at first sight. The king liked the faithful and skilled cow herder Gyeonu. And so Gyeonu and Jingnyeo received the king's permission and got married, and came to live in the heavens. But after the two of them married, the time they spent together was so enjoyable and happy that they didn't work, and simply played each day.

The king of the heavens was very angry at the two people who only played each day. And so he gave the two of them an order.

"You two grow lazy when you're together, which won't do. Gyeonu, you go to the eastern end of the Milky Way, and Jingnyeo, you go to the western end. However, as a couple cannot live apart forever, you will be sure to meet for only one day a year, on the seventh day of the seventh lunar month."

And so the two of them had to live far apart, with the Milky Way between them. Gyeonu and Jingnyeo missed each other and waited for the seventh day of the seventh month to arrive. Time passed and finally the day came. They looked forward to being able to meet and headed toward each other. And then they arrived at the Milky Way. But the Milky Way was so wide and deep that they couldn't possibly cross it. Gyeonu and Jingnyeo both sank to the ground and called each other's name as they simply cried.

"Jingnyeo!"

"Gyeonu!"

The tears that Gyeonu and Jingnyeo shed became raindrops and fell toward the earth. But there were so many of these tears that there was a flood on the earth. Mountains were toppled and rivers overflowed. Many people died and many things were washed away by the waters. And so the animals gathered together.

"Why in the world is it raining so much?"

"They say that Sir Gyeonu and Lady Jingnyeo can't meet and are sad, so it's raining."

"We'll all die in this flood. Isn't there a way to allow the two of them to meet?"

Just then, a crow and a magpie spoke.

"If we go up to the heavens and make them a bridge, the two people will be able to meet."

For the sake of Gyeonu and Jingnyeo, the crow and the magpie decided to build a bridge in the Milky Way. Countless crows and magpies gathered at the Milky Way and formed a bridge.

"Sir Gyeonu, Lady Jingnyeo, step on us and move across."

When the bridge was made, Gyeonu and Jingneyo ran to each other and hugged, and shed tears of joy. The two of them were so happy. As they stood atop Ojakgyo bridge, the bridge that the crows and magpies had made for them, they told each other everything they had been unable to say in all that time. But for the two people who had waited a year, one day was too short a time. When the night passed, the two were sad because they had to part, and they cried.

Today too, it's said that on the seventh day of the seventh month, the tears of Gyeonu and Jingnyeo fall as rain, and because the crows and magpies fly up to the heavens to build Ojakgyo bridge, they are difficult to see. And it's said that because Gyeonu and Jingnyeo step on the heads of the crows and the magpies to meet, after the seventh day of the seventh month these birds go bald.

베	hemp cloth	주저앉다	to sink (to the floor), to drop (to the ground)
짜다	to weave	빗방울	raindrop
몰다	to steer, to herd (animals)	홍수	flood
명령하다	to order	생명	life
은하수	the Milky Way	떠내려가다	to be washed away
동쪽	east	도대체	(why, who, what, etc.) in the world (exclamation)
서쪽	west	까마귀	crow
영원히	forever	벗기다	to take off
단	only		
음력	lunar calendar		
그립다	to miss (someone)		
도저히	possibly (used with a negative when something cannot possibly be done, etc.)		

Check the Contents!

❶ 하늘나라 임금님은 왜 견우와 직녀에게 화가 났습니까?

Why did the king of the heavens get angry at Gyeonu and Jingnyeo?

❷ 까마귀와 까치는 견우와 직녀를 위해 무엇을 했습니까?

What did the crow and magpie do for Gyeonu and Jingnyeo?

36. 은혜 갚은 호랑이

옛날 어느 마을에 가난하지만 착하고 성실한 나무꾼이 살았습니다. 하루는 산에서 나무를 하는데 나무꾼의 뒤로 호랑이 한 마리가 서서히 다가왔습니다. 나무를 하다가 이상한 기운을 느낀 나무꾼은 뒤를 보고 깜짝 놀랐습니다. 커다란 호랑이가 나무꾼을 보고 입을 벌리고 있었기 때문입니다. 나무꾼은 너무 놀라 그 자리에 그대로 굳어서 꼼짝할 수 없었습니다. 그런데 호랑이는 나무꾼을 잡아먹으려고 하지 않았습니다. 호랑이는 그저 입을 벌리고 눈물을 흘리고 있었습니다.

'왜 그러지?'

나무꾼은 호랑이가 왜 입을 벌리고 울고 있는지 도무지 알 수 없었습니다. 그런데 호랑이 입 안쪽에 뭔가 하얀 것이 보였습니다.

'저건 뼈인 것 같은데? 아, 뼛조각이 박혀 있구나! 저걸 나한테 빼 달라는 거구나.'

나무꾼은 그제야 호랑이가 왜 입을 벌리고 우는지 이유를 알 것 같았습니다. 그런데 나무꾼은 뼈를 빼 주고 싶어도 호랑이에게 먹힐까 봐 무서웠습니다. 그래서 나무꾼은 호랑이에게 말했습니다.

"나한테 그 뼛조각을 빼 달라는 거지?"

호랑이는 고개를 끄덕였습니다. 나무꾼이 보기에 호랑이가 매우 괴로워 보였습니다.

"그럼, 내가 빼 줄 테니까 나를 잡아먹으면 안 된다. 그리고 뺄 때 고통스러워도 좀 참아."

이번에도 호랑이는 고개를 끄덕였습니다. 나무꾼은 머뭇거리다가 호랑이 입안에 박혀 있는 뼈를 조심스럽게 빼 주었습니다. 그 뼈는 아주 길고 뾰족

했습니다. 나무꾼이 뼈를 빼 주자 호랑이는 나무꾼에게 절을 하고 돌아갔습니다.

다음날 아침 나무꾼이 나무하러 산에 가려고 마당에 나왔는데 집 마당에는 땔감이 가득 쌓여 있었습니다. 나무꾼은 땔감 옆에 있는 호랑이 발자국을 보고 호랑이가 왔다가 갔다는 것을 알았습니다. 나무꾼은 땔감을 팔아서 큰돈을 벌었습니다.

어느 날 나무꾼의 어머니가 한숨을 쉬며 말했습니다.

"우리 아들이 결혼할 때가 지났는데 늙어서까지 결혼도 못 하고 살면 어쩌나……. 어휴."

그날 밤 호랑이는 예쁜 아가씨를 나무꾼의 집 앞에 두고 떠났습니다. 나무꾼은 달을 보러 마당에 나왔다가 마당에 쓰러져 있는 아가씨를 봤습니다.

"이봐요. 괜찮으세요?"

나무꾼은 아가씨를 집에 데려다주었습니다. 아가씨의 가족들은 호랑이에게 물려 간 아가씨가 나무꾼과 함께 살아서 돌아오자 나무꾼에게 감사의 인사를 했습니다. 그 후 아가씨와 나무꾼은 서로 사랑하게 되어 결혼을 했습니다.

그러던 어느 날 이 마을 원님은 요즘 호랑이가 마을에 자주 나타나니까 호랑이를 잡는 사람에게 상금을 준다고 했습니다. 그날 밤 호랑이가 활을 가지고 나무꾼을 찾아왔습니다.

"나무꾼님 덕분에 저는 오래 살았습니다. 이제 곧 죽을 때가 되었으니 내일 활로 저를 쏘아 상금을 받으십시오."

호랑이는 이렇게 말한 후 활을 놓고 갔습니다. 다음날 마을에 호랑이가 나타났습니다. 나무꾼은 호랑이를 죽이고 싶지 않았습니다. 그래서 호랑이 옆으로 활을 쏘았습니다. 그러나 호랑이는 일부러 나무꾼의 활을 맞고 죽었습니다. 사람들은 기뻐했지만 나무꾼은 마음이 아팠습니다. 그래서 나무꾼은 은혜 갚은 호랑이를 산에 잘 묻어 주었습니다.

The Tiger Who Repaid a Favor

Once upon a time in a certain village, there lived a poor but kind and loyal woodsman. One day, the woodsman was cutting wood in the forest, and a tiger approached him slowly from behind. The woodsman, who felt a strange aura as he cut wood, looked behind him and was shocked. This was because a huge tiger was staring at the woodsman with its mouth hanging open. The woodsman was so surprised that he was stuck to the spot and couldn't move. But the tiger didn't try to eat the woodsman. It just held its mouth open and was crying.

'What's wrong?'

The woodsman couldn't understand at all why the tiger was holding its mouth open and crying. But inside the tiger's mouth, he saw something white.

'That looks like a bone. Oh, a shard of bone is stuck in there! It's asking me to take it out.'

At last, the woodsman thought he understood why the tiger was holding its mouth open and crying. But although he wanted to take the bone out, he was afraid that the tiger might eat him. So the woodsman spoke to the tiger.

"You're asking me to take that shard of bone out, right?"

The tiger nodded its head. To the woodsman, it looked like the tiger was suffering very much.

"Then I'll take it out for you, so you mustn't eat me. And you have to hold back even if it hurts when I take it out."

The tiger nodded again. The woodsman hesitated and then carefully removed the stuck bone from inside the tiger's mouth. The bone was very long and sharp. Once the woodsman removed the bone, the tiger bowed to him and left.

The next morning, the woodsman came out into the yard in order to go into the mountains to cut wood, but the yard of the house was stacked full of firewood. The woodsman saw the tiger's footprints next to the firewood and knew that the tiger had come by. The woodsman sold the firewood and made a lot of money.

One day, the woodsman's mother said with a sigh,

"It's well past the time for my son to get married. What will we do if he can't get married into his old age……. Whew."

That night, the tiger dropped a beautiful young woman off in front of the woodsman's house and left. The woodsman went out into the yard to look at the moon when he saw the young woman passed out in the yard.

"Hey there. Are you all right?"

The woodsman took the young woman back to her home. When her family saw the young woman, who had been bitten and carried off by the tiger, return alive with the woodsman, they thanked the woodsman. After that, the young woman and the woodsman fell in love and got married.

Then one day, the magistrate of the village said that, as a tiger was frequently appearing, he would give a reward to whomever caught the tiger. That night, the tiger took an arrow and went to find the woodsman.

"Sir woodsman, thanks to you, I've lived a long life. It's nearly time for me to die now, so tomorrow, please shoot me with this arrow and accept the reward."

After saying this, the tiger set the arrow down and left. The next day, the tiger appeared in the village. The woodsman did not want to kill the tiger. So he shot the arrow off to the side of the tiger. However, the tiger purposefully got hit by the woodsman's arrow and died. The people were happy, but the woodsman's heart was heavy. And so the woodsman gave a proper burial in the mountains to the tiger who had repaid his favor.

서서히	slowly	끄덕이다	to nod
기운	air, aura	괴롭다	to be suffered
굳다	to harden, to stick	고통스럽다	to be painful
도무지	at all	머뭇거리다	to hesitate
뼈	bone	조심스럽다	to be careful
조각	piece, shard	뾰족하다	to be sharp
박히다	to be stuck (in something)	땔감	firewood
빼다	to take out	발자국	footprint
먹히다	to be eaten	상금	reward, prize
고개(를 들다)	(to raise one's) head	일부러	purposefully

Check the Contents!

❶ 나무꾼은 호랑이를 어떻게 도와주었습니까?

How did the woodsman help the tiger?

❷ 호랑이가 화살을 맞고 죽었을 때 나무꾼의 마음은 어땠습니까?

How did the woodsman feel when the tiger was hit by the arrow and died?

37. 도깨비감투

옛날에 어느 나무꾼이 깊은 산속에서 나무를 하고 있었습니다. 얼마 후 나무꾼이 집으로 돌아가려고 했는데 갑자기 눈이 너무 많이 와서 길이 보이지 않았습니다. 나무꾼은 산속에서 길을 헤매다가 빈집을 발견했습니다.

'일단 오늘은 여기서 자고 내일 날이 밝으면 집으로 돌아가야겠군.'

하루 종일 일하고 길을 헤맸던 나무꾼은 너무 피곤해서 금방 잠이 들었습니다. 그런데 얼마 후 밖에서 이상한 소리가 들렸습니다. 밖을 내다보니 시끄러운 소리와 함께 도깨비불이 날아다니고 있었습니다. 도깨비들이 집으로 들어오고 있던 것이었습니다. 나무꾼은 놀라서 재빨리 벽장 속에 숨었습니다. 잠시 후 도깨비들이 집 안에 들어와서 노래도 부르고 춤도 추었습니다. 나무꾼은 몰래 숨어서 도깨비들을 보았습니다. 그런데 도깨비들이 어떤 감투를 쓰니까 모습이 보이지 않았다가 감투를 벗으니까 다시 모습이 보였습니다.

'어라, 분명히 눈앞에 있었는데 순식간에 사라졌네.'

도깨비들은 밤새 나타났다 사라지기를 반복하면서 놀았습니다. 그렇게 밤새도록 놀던 도깨비들은 아침이 되자 모두 사라졌습니다.

그제야 나무꾼은 문을 열고 벽장에서 나왔습니다. 그런데 바닥에 낡은 도깨비감투 하나가 떨어져 있었습니다.

'어디 나도 한번 써 볼까?'

나무꾼은 감투를 한번 써 보았습니다. 그랬더니 정말로 나무꾼의 몸이 보이지 않았습니다.

'감투가 좀 낡긴 했지만 이걸 쓰면 사람들 눈에 안 보이니까 금방 부자가

될 수 있을 거야. 히히히.'

나무꾼은 금방 부자가 될 수 있다는 생각에 신이 났습니다. 집으로 돌아온 나무꾼은 감투를 쓰고 무엇을 할까 생각했습니다.

'그래, 시장에는 여러 물건이 많으니까 일단 시장에 가 보자.'

나무꾼은 감투를 쓰고 시장에 갔습니다. 시장에서 파는 여러 가지 물건을 보니까 욕심이 생겼습니다. 처음에는 시장에서 팔고 있는 떡을 하나 훔쳐서 먹었습니다. 그런데 사람들의 눈에 나무꾼의 모습이 보이지 않기 때문에 사람들은 아무도 몰랐습니다.

'아무도 나를 못 보는군.'

사람들 눈에 자신이 보이지 않는다는 것을 확인한 나무꾼은 시장에서 비싼 물건들을 잔뜩 훔쳤습니다. 그리고 부자가 되었습니다. 부자가 된 후에도 나무꾼의 욕심은 끝이 없었습니다. 어느 날 나무꾼은 감투를 쓰려고 하다가 감투에 구멍이 뚫려 있는 것을 발견했습니다.

'감투가 너무 낡아서 구멍이 뚫렸구나.'

나무꾼은 까만 천으로 뚫린 구멍을 막았습니다. 그러고 난 후 감투를 쓰고 시장에 갔습니다. 나무꾼은 시장 여기저기를 돌아다니며 물건을 훔쳤습니다. 그런데 사람들은 날아다니는 까만 천을 보고 이야기했습니다.

"응? 저게 뭐지요? 까만 천이 여기저기 왔다 갔다 하네요."

"저거 도깨비 아닐까요? 계속 물건이 없어져서 이상했는데 아무래도 도깨비들이 장난하는 거 같아요."

"저 나쁜 도깨비를 혼내 줍시다."

사람들이 까만 천을 둘러쌌습니다. 나무꾼은 이상하게 생각했습니다.

'뭐야? 내가 보이나? 나를 둘러싼 거 같은데. 어떡하지?'

그런데 나무꾼은 사람들이 둘러쌌기 때문에 도망갈 곳이 없었습니다.

'이 사람들, 왜 나를 둥글게 둘러싸고 있는 거야? 내가 보이는 것은 아닐텐데.'

그때 사람들이 말했습니다.

"어서 잡아요. 도둑을 어서 잡아!"

사람들이 까만 천을 잡았습니다. 그러자 나무꾼이 쓰고 있던 감투가 벗겨지고 나무꾼의 모습이 사람들의 눈에 보였습니다.

"잡았다. 이 도둑놈."

"아이구, 잘못했어요. 살려 주세요."

화가 난 사람들은 나무꾼을 혼내 주었습니다.

The Dokkaebi Hat

Once upon a time, a woodsman was cutting wood deep in the mountains. After a while, the woodsman was going to return home, but it was snowing so much that he couldn't see the road. The woodsman wandered along the road in the mountains when he discovered an empty house.

'For now, I'll have to sleep here tonight and go home tomorrow when the day breaks.'

The woodsman, who had spent the whole day working and wandering along the road, was very tired and quickly fell asleep. But after a while, he heard a strange sound from outside. Looking outside, he saw a will o' the wisp flying about with a loud sound. Some dokkaebi were coming inside the house. The woodsman was startled, so he quickly hid inside of a wardrobe. A short while later, the dokkaebi came inside the house and sang songs and danced. The woodsman watched the dokkaebi as he secretly hid. But when the dokkaebi removed their hats, they appeared, and when they wore their hats, they disappeared.

'Huh? They were clearly right in front of me, but they disappeared in an instant.'

All night long, the dokkaebi played, appearing and disappearing repeatedly. And when it became morning, all of the dokkaebi who had played like this all night long disappeared.

At last, the woodsman opened the door and came out of the wardrobe. But on the floor had fallen a worn-out dokkaebi hat.

'Should I give this a try too?'

The woodsman put on the hat. And then his body really became invisible.

'The hat is a little worn out, but if I wear it, people can't see me, so I'll be able to become rich quickly. Hee hee hee.'

The woodsman became excited at the thought that he could quickly become rich. When he came home, he put the hat on and thought about what he should do.

'Right, there are lots of things at the market, so let's go to the market first.'

The woodsman wore the hat and went to the market. Seeing the various items for sale at the market, he grew greedy. First, he stole and ate a rice cake that was being sold at the market. But because people couldn't see him, nobody noticed.

'Nobody can see me after all.'

Having confirmed that nobody could see him, the woodsman stole tons of expensive items from the market. And then he became rich. Even after he became rich, the woodsman's greed had no end. One day, when the woodsman went to put on the hat, he discovered that a hole had formed in it.

'The hat's so worn out that it has a hole.'

The woodsman blocked off the hole with a black cloth. And then afterwards, he wore the hat and went to the market. The woodsman wandered all over the market stealing items. But people saw a flying black cloth and said,

"Huh? What is that? That black cloth is going all over the place."

"Could that be a dokkaebi? I thought it was strange that items kept going missing, and by the look of it, it seems like a dokkaebi's prank."

"Let's punish that wicked dokkaebi."

The people surrounded the black cloth. The woodsman thought that this was strange.

'What this? Can they see me? It seems like they've got me surrounded. What do I do?'

But because the people had him surrounded, there was no place for the woodsman to run.

'Why are these people surrounding me in a circle? It can't be that they see me.'

Then the people spoke.

"Catch him, quickly. Quickly catch the thief!"

The people captured the black cloth. And then they took off the hat that the woodsman had been wearing, and the woodsman could be seen again.

"Caught you. You rotten thief."

"Oh, I'm sorry. Please spare me."

The angry people punished the woodsman.

Vocabulary

헤매다	to wander	밤새다	to stay up all night
발견하다	to discover	잔뜩	a lot, tons
일단	first off	훔치다	to steal
내다보다	to look out	구멍	hole
도깨비불	will o' the wisp (lit. "dokkaebi fire")	뚫리다	to have a hole, to be unclogged
날아다니다	to fly about	천	fabric, cloth
재빨리	quickly	막다	to block
벽장	wardrobe, closet	아무래도	by the look of it
순식간	in an instant	장난	prank, tease
반복하다	to repeat	둘러싸다	to surround

Check the Contents!

❶ 도깨비 감투를 쓰면 어떻게 됩니까?

What happens when you put on the dokkaebi hat?

❷ 시장 사람들은 나무꾼을 어떻게 잡을 수 있었습니까?

How were the people in the market able to catch the woodsman?

38. 짧아진 바지

 옛날 어느 마을에 큰 부자가 살고 있었습니다. 이 부자에게는 세 딸이 있었습니다. 딸들은 서로 자기가 아버지를 더 잘 모실 수 있다고 말했습니다. 첫째 딸이 말했습니다.

"제가 아버지와 가장 오래 살았잖아요. 그러니 제가 아버지를 제일 잘 모실 수 있을 거예요. 나중에 아버지 재산은 저한테 제일 많이 주셔야 해요. 알았죠?"

둘째 딸이 말했습니다.

"저는 아버지를 위해서라면 뭐든지 다 할 수 있어요. 그러니 저한테 재산을 많이 주세요."

셋째 딸이 말했습니다.

"아버지, 저는 평생 결혼도 하지 않고 아버지를 모시고 살 거예요. 그러니 저에게 재산을 많이 주셔야죠."

세 딸이 서로 경쟁하듯이 자신을 모시겠다고 하니 큰 부자는 아주 기분이 좋았습니다. 그러던 어느 날 부자는 이웃 동네 선비의 딸들이 아주 효녀라는 이야기를 들었습니다. 부자는 그 선비의 딸들이 자신의 딸들보다 더 효녀인지 궁금했습니다. 그래서 부자는 사람들에게 길을 물어 선비의 집을 찾아갔습니다. 그런데 부자를 맞이하는 선비를 보니 무릎이 다 보이도록 짧은 바지를 입고 있었습니다.

"아니, 왜 그렇게 짧은 바지를 입고 있습니까?"

선비는 얼굴에 미소를 띠며 딸들과 있었던 일을 이야기하기 시작했습니다.

얼마 전에 선비는 바지 한 벌을 샀습니다. 그런데 바지가 너무 길었습니다. 그래서 선비는 딸들에게 말했습니다.

"누가 바지를 한 뼘만 줄여 줬으면 좋겠구나!"

"네, 아버지."

세 딸은 모두 대답했습니다. 다음 날 선비가 바지를 입어 보았는데 바지가 너무 짧아져서 무릎이 다 보였습니다. 선비는 딸들에게 바지가 왜 이렇게 짧은지 이유를 물었습니다. 그러자 첫째 딸이 먼저 대답을 했습니다.

"어제 저녁에 분명히 한 뼘만 줄였는데요. 이상하네요."

둘째 딸이 당황하며 말했습니다.

"어머, 언니가 한 줄 모르고 어젯밤에 저도 줄여 놓았어요. 죄송해요. 아버지."

셋째 딸이 미안해하며 말했습니다.

"어떡해요. 언니들이 줄인 줄 모르고 저도 아침에 줄였어요. 죄송해요. 아버지."

선비는 이 이야기를 듣고 괜찮다며 웃었습니다.

선비의 이야기를 모두 듣고 집으로 돌아온 부자는 딸들을 불렀습니다.

"이 바지가 좀 길구나. 누가 이 바지를 한 뼘만 줄여 줬으면 좋겠구나."

"네, 아버지."하고 세 딸이 모두 대답했습니다.

다음 날, 부자가 바지를 확인해 보니 바지가 그대로였습니다. 부자는 딸들을 불러서 왜 바지를 줄이지 않았는지 물었습니다. 그러자 첫째 딸이 둘째 핑계를 대며 말했습니다.

"둘째야, 너 왜 바지를 줄이지 않았니?"

"나는 언니가 바지를 줄일 줄 알았지. 난 바느질이 서툴다고. 셋째야, 너는 바지를 줄이지 않고 뭐 했니?"

첫째 딸과 둘째 딸의 말을 들은 부자는 점점 얼굴이 굳어졌습니다.

"나는 바느질을 할 줄도 모르는데 어떻게 해. 당연히 바느질은 언니들이 해야지."

세 딸들은 아버지가 시킨 일을 서로 미루기만 하고 하지 않은 것이었습니다.

"그만 해라!"

부자는 딸들이 아버지 앞에서 서로 다투는 모습을 보고 실망했습니다. 부자의 딸들은 말로는 그토록 잘하겠다고 하더니 실제로는 하지 않고 각종 변명을 늘어놓았기 때문입니다. 부자는 그제야 마을 사람들이 왜 선비의 딸들을 진짜 효녀라고 했는지 알게 되었습니다.

The Pants that Grew Shorter

Once upon a time in a certain village, there lived a very rich man. This rich man had three daughters. Each of the daughters said that they could take better care of their father than the others. The first daughter said,

"I've lived with you the longest, Father. So I'll be able to take care of you the best. Later, you must give me the most of your fortune, Father. All right?"

The second daughter said,

"I can do anything if it's for you, Father. So give the most of your fortune to me."

The third daughter said,

"Father, for my whole life, I will never marry and will live taking care of you. So you must give me the most of your fortune."

As the three daughters said each would take care of their father, as if they were competing with one another, the very rich man was very happy. And then one day, the rich man heard about a neighboring scholar whose daughters were very filial. He was curious whether the scholars' daughters were more filial than his own daughters. And so the rich man asked people the way, and went to find the scholar's house. But when the rich man saw the scholar, who greeted him, the scholar was wearing pants so short that both his knees could be seen.

"Why are you wearing pants that are so short?"

With a smile on his face, the scholar began to talk about what had happened with his daughters.

A short while ago, the scholar had bought a pair of pants. But the pants were too long. And so the scholar spoke to his daughters.

"I'd like it if someone could shorten my pants by just one bbyeom!"

"Yes, Father."

Answered all three daughters. The next day, the scholar tried on his pants but they had become so short that they showed his knees. He asked his daughters why his pants had become so short. Then the first daughter answered first.

"Yesterday evening, I definitely shortened them by just one bbyeom. How strange."

The second daughter was flustered and spoke.

"Oh my, I didn't know that you'd done it, Sister, and last night I shortened them too. Sorry, Father."

The third daughter spoke apologetically.

"Oh dear. I didn't know that my sisters had shortened them, and in the morning, I shortened them too. I'm sorry, Father."

The scholar heard this story and laughed, telling them it was all right.

The rich man listened to the scholar's whole story and, when he had returned home, called for his daughters.

"These pants are too long. I'd like it if someone could shorten my pants by just one bbyeom."

"Yes, Father," answered the three daughters.

The next day, the rich man checked his pants and found they were just as they had been. The rich man called for his daughters and asked why they hadn't shortened his pants. Then the first and second daughters spoke, making excuses.

"Second Sister, why didn't you shorten Father's pants?"

"I thought you were going to shorten them. I'm not good at sewing. Third Sister, what were you doing that you didn't shorten the pants?"

Hearing the words of his first and second daughters, the rich man's face grew increasingly stern.

"How can I do it when I don't even know how to sew? Of course sewing should be done by you, Elder Sisters."

The three daughters had simply pushed off onto one another the work their father had told them to do and hadn't done it.

"That's enough!"

The rich man was disappointed to see the sight of his three daughters arguing in front of their father. This was because the rich man's daughters had said that they would do such a good job, but in reality, they hadn't done it and had made several excuses. At last, the rich man realized why the people in the village said that the scholar's daughters were truly filial daughters.

 Vocabulary

평생	one's whole life	(핑계를) 대다	to make (an excuse)
경쟁하다	to compete	바느질	sewing
효녀	filial daughter	서툴다	to be bad at, to be clumsy at
맞이하다	to welcome, to greed	굳어지다	to stiffen
무릎	knee	미루다	to push off (a task), to put off (until later)
미소	smile		
띠다	(for an expression) to appear (on one's face)	다투다	to argue
		실망하다	to be disappointed
뻠	bbyeom (an unit noun of measurement meaning a hand span)	그토록	so much
		각종	of every kind, of all sort
		변명	excuse
줄이다	to shorten	늘어놓다	to say, to make (an excuse)
핑계	excuse		

📝 Check the Contents!

❶ 부자와 선비의 딸들 중에서 누가 진짜 효녀입니까?

Which daughters are truly filial, the rich man's or the scholar's?

❷ 선비의 바지는 왜 짧아졌습니까?

Why did the scholar's pants become short?

39. 여우 누이

옛날 어느 마을에 세 아들이 있는 부부가 있었습니다. 이 부부는 딸을 갖고 싶었습니다. 그래서 부부는 날마다 산에 가서 딸을 낳게 해 달라고 열심히 기도했습니다. 그런데 산에 살던 천 살 된 여우가 이 부부의 기도를 들었습니다.

'그래, 내가 저 부부의 딸이 되어야겠다.'

얼마 후 부부는 정말로 딸을 낳았습니다. 늦은 나이에 얻은 귀한 딸이었기 때문에 부부는 이 아이를 매우 아끼고 사랑하였습니다. 그런데 딸이 7살이 되던 어느 날 외양간에 있는 소가 죽었습니다. 아프지도 않고 멀쩡했던 소가 갑자기 죽은 것이었습니다. 그리고 다음 날에는 말이 죽었습니다. 이렇게 건강했던 동물이 매일 죽기 시작하자 부부는 이상하다고 생각했습니다. 그래서 첫째 아들을 불렀습니다.

"오늘 밤에 외양간에 가서 동물들이 왜 갑자기 죽는지 잠을 자지 말고 지켜봐라."

그날 밤 첫째 아들은 외양간을 지켜보다가 너무 졸려서 잠이 들었습니다. 다음 날 아침 첫째 아들은 아버지에게 혼나는 것이 두려워서 아무 일도 없었다고 거짓말을 했습니다. 이번에는 둘째 아들에게 외양간을 지켜보라고 했습니다. 둘째 아들도 잠이 들었고 다음 날 아버지에게 아무 일도 없었다고 거짓말을 했습니다. 이번에는 셋째 아들 차례였습니다. 셋째 아들은 볶은 콩을 준비했습니다.

'잠이 오면 이걸 먹으면서 잠을 쫓아야겠어. 동물들이 왜 죽는지 그 이유를 내가 꼭 밝힐 거야.'

셋째 아들은 숨어서 외양간을 지켜보았습니다. 깊은 밤이 되자 잠이 솔솔

왔습니다. 셋째 아들은 볶은 콩을 먹으면서 잠을 쫓았습니다. 얼마 후 방에서 누이가 나와 외양간으로 가는 것이 보였습니다. 그런데 누이의 치마 밑으로 여우의 꼬리가 보였습니다. 누이는 외양간에서 소의 배를 갈라서 간을 꺼내어 먹었습니다. 이 모습을 본 셋째 아들은 너무 무서워서 몸이 덜덜 떨렸습니다. 다음날 셋째 아들이 아버지에게 이 사실을 말했지만 아버지는 믿지 않았습니다.

"우리가 네 동생만 예뻐한다고 네가 네 누이동생을 질투해서 거짓말을 하고 있구나! 나쁜 놈, 당장 이 집에서 나가라!"

셋째 아들은 집을 나와 길을 걷다가 동네 아이들이 거북이를 괴롭히고 있는 것을 보았습니다. 셋째 아들은 거북이가 불쌍해서 아이들에게서 그 거북이를 샀습니다. 그러고는 바닷가에 가서 거북이를 놓아주었습니다. 잠시 후 바다에서 하얀 말이 한 마리 나와 셋째 아들을 태우고 용왕에게 갔습니다. 용왕은 셋째 아들에게 말했습니다.

"네가 구해 준 거북이가 내 딸이다. 네가 갈 곳이 없다는 것을 알고 있다. 마침 내 딸도 너를 마음에 들어하니 내 딸과 결혼해서 용궁에서 살아도 좋다."

셋째 아들은 용왕의 딸과 결혼하고 용궁에서 살 수 있게 되어서 기뻤지만 가족들이 걱정되었습니다. 그래서 며칠 뒤 가족들을 만나러 가기로 했습니다. 용왕의 딸은 남편에게 작은 물병 세 개를 주며 무슨 일이 생기면 물병을 던지라고 말했습니다.

셋째 아들은 용왕의 하얀 말을 타고 집으로 돌아왔습니다. 그런데 집이 며칠 만에 너무 낡아 있었습니다. 그 많던 동물들은 한 마리도 보이지 않고 가족들도 아무도 없었습니다. 여우 누이가 가족과 동물들을 모두 잡아먹은 것이었습니다. 그때 누이가 나타났습니다. 셋째 아들은 누이가 여우라는 것을 알고 있었기 때문에 용왕이 빌려준 하얀 말을 타고 도망을 쳤습니다. 누이는 여우로 변신해서 셋째 아들을 잡으러 왔습니다. 셋째가 하얀 물병을 던지자 가시덤불이 나와 여우를 감쌌습니다. 그때 셋째 아들이 도망을 쳤는데 여우가 어느새 따라왔습니다. 이번에는 파란 물병을 던졌습니다. 그러자 많은 물이 쏟아져 나와서 여우가 물에 빠졌습니다. 셋째 아들은 계속 도망 쳤습니다. 이번에도 어느새 여우가 따라와서 셋째 아들의 옷을 잡으려고 했 습니다. 셋째 아들은 재빨리 빨간 물병을 던졌습니다. 그러자 불길이 여우 를 감쌌고 여우는 불에 타 죽으면서 말했습니다.

"간을 하나만 더 먹으면 사람이 될 수 있었는데, 아깝다."

그 후 셋째 아들은 집으로 돌아가 가족들의 제사를 지내 주었습니다. 그 리고 용궁으로 돌아가 아내와 행복하게 살았답니다.

The Fox Sister

Once upon a time in a certain village, there was a couple who had three sons. This couple wanted to have a daughter. So every day, they went into the mountains and prayed earnestly, asking to be able to give birth to a daughter. And a 1000-year-old fox who lived in the mountains heard the couple's prayer.

'All right, I should become this couple's daughter.'

A while later, the couple truly did give birth to a daughter. Because she was a precious daughter they had received in old age, the couple treasured and loved the child very much. But one day when their daughter was 7 years old, a cow in the barn died. The cow had died suddenly and had been healthy and not sick. And then the next day, a horse died. The couple thought it was strange when an animal that had been healthy began to die each day like this. And so they called for their first son.

"Go into the barn tonight and don't sleep, and watch to see why the animals are dying suddenly."

That night, the first son was watching the animals in the barn when he fell asleep because he was too tired. The next morning, the first son was scared that he would be scolded by his father, so he lied and said that nothing had happened. This time, they told the second son to watch over the barn. The second son also fell asleep and the following day he lied to his father saying nothing had happened. This time it was the third son's turn. The third son prepared some roasted beans.

'If I get tired, I should eat these and get rid of my sleepiness. I'll definitely discover why the animals are dying.'

The third son hid and watched over the barn. When it grew late at night, he slowly began to become tired. The third son ate the roasted beans and tried to keep awake. A little while later, he saw his sister come out of the house and go into the barn. But he saw a fox tail coming out from underneath his sister's skirt. In the barn, his sister cut open a cow's stomach, took out its liver, and ate it. Having seen this sight, the third son was so frightened that his body trembled. The next day, the third son told his father the truth, but father didn't believe him.

"We've only fussed over your sister and now you're lying because you're jealous of your little sister! You scoundrel, get out of this house this instant!"

The third son left the house and was walking along the road when he saw some neighborhood children picking on a turtle. The third son felt bad for the turtle, so he bought it from the children. And then he went to the seaside and let the turtle go. After a moment, a white horse came out of the sea and took the third son on its back to the dragon king. The dragon king spoke to the third son.

"The turtle that you saved is my daughter. I know that you have no place to go. My daughter has come to like you as well, so you may marry my daughter and live in the dragon palace."

The third son was happy that he could marry the dragon king's daughter and live in the dragon palace, but he worried about his family. And so a few days later, he decided to go meet his family. The dragon king's daughter gave her husband three small bottles of water and told him to throw them if anything happened.

The third son rode on the dragon king's white horse and went home. But in just a few days, the house had become very shabby. Not one of the many animals could be seen, and his family wasn't there either. The fox sister had eaten up the family and all of the animals. Just then, the sister appeared. As the third son knew that his sister was a fox, he jumped on the white horse he had borrowed from the dragon king and ran away. The sister transformed into a fox and came after the third son to catch him. When the third son threw a white bottle of water, a thorny bush appeared and wrapped up the fox. The third son ran away then, but before he knew it, the fox was chasing him again. This time, he threw a blue bottle of water. Then a lot of water poured out and the fox fell into the water. The third son continued to run away. But this time too, before he knew it, the fox was chasing after him and tried to grab the third son's clothes. The third son quickly threw a red bottle of water. And then flames covered the fox and the fox spoke as it burned to death.

"What a shame, I could have become human if I ate just one more liver."

After this, the third son returned home and held a memorial service for his family. and then he went back to the dragon palace and lived happily ever after with his wife.

A·Z Vocabulary

멀쩡하다	to be healthy, to be unwounded	질투하다	to be jealous
지켜보다	to watch	놈	guy, man (disparaging term for a man or boy)
두렵다	to be afraid		
볶다	to roast	거북이	turtle
콩	beans	괴롭히다	to pick on
쫓다	to chase, to get rid of	용궁	dragon palace
밝히다	to discover, to reveal	변신하다	to transform
꼬리	tail	가시덤불	thorny bush, bramble
가르다	to cut	감싸다	to wrap up
간	liver	불길	flame
		제사	memorial service

Check the Contents!

❶ 외양간의 소는 누가 죽였습니까?
Who killed the cow in the barn?

❷ 용왕의 딸이 남편에게 준 물건은 무엇입니까?
What item did the dragon king's daughter give to her husband?

40. 노루가 된 동생

옛날에 사이좋은 한 남매가 있었습니다. 그런데 남매는 부모님이 일찍 돌아가셔서 먼 친척 집에서 일을 도우며 살아야 했습니다. 동생은 나이가 어려서 일을 할 수 없었기 때문에 누나가 동생 몫까지 일을 했습니다. 하지만 남매는 낡은 옷만 입고 밥도 잘 먹지도 못한 채 구박만 받다가 쫓겨나고 말았습니다. 누나는 동생을 업고 길을 떠났습니다. 어느 날 동생이 누나에게 말했습니다.

"누나, 나 목이 말라."

"조금만 참아 봐. 누나가 근처에 물이 있나 찾아볼게."

그런데 주위를 아무리 둘러봐도 마실 만한 물이 없었습니다. 노루 발자국에 조금 고인 물이 전부였습니다. 누나는 할 수 없이 그 물을 동생에게 먹였습니다. 그러자 동생이 노루로 변해 버렸습니다.

"안 돼! 도대체 이게 무슨 일이니. 동생아, 내 동생아! 흑흑흑."

누나는 노루가 된 동생을 끌어안고 울었습니다.

그때 그 길을 지나는 원님이 그 모습을 보고 물었습니다.

"왜 노루를 안고 울고 있습니까?"

누나는 원님에게 그동안 있었던 일을 이야기했습니다. 원님은 남매가 안타까웠습니다. 그래서 자신의 집으로 데리고 가서 보살펴 주기로 했습니다.

"갈 곳이 없는 것 같은데 당분간 여기에서 지내도 좋습니다."

남매는 원님의 집에서 지낼 수 있게 되어서 다행이라고 생각했습니다. 원님은 노루가 된 동생이 잘 지낼 수 있도록 연못 근처에 집도 만들어 주었습니다. 누나는 원님의 집에서 동생을 잘 보살폈습니다. 원님은 마음이 곱고 아름다운 누나가 마음에 들었습니다. 누나도 친절한 원님이 좋았습니다. 그래서 두 사람은 결혼을 했습니다.

어느 날 원님이 집을 비운 사이에 어떤 할머니가 찾아왔습니다.

"며칠을 굶었어요. 밥 좀 주세요."

누나는 할머니가 불쌍해서 밥을 차려 주었습니다. 할머니는 밥을 잘 먹고 나서 연못을 구경시켜 달라고 했습니다. 누나가 할머니를 데리고 연못에 가까이 가자 할머니는 갑자기 누나를 연못에 빠뜨렸습니다. 누나는 헤엄을 못치기 때문에 연못에 빠져 죽었습니다. 할머니는 누나가 연못으로 가라앉는 것을 확인한 후 누나로 변신했습니다. 이 모습을 지켜보던 노루가 된 동생은 깜짝 놀라 눈물을 흘리고 큰 소리로 울었습니다.

그때 원님이 집으로 돌아왔습니다. 큰 소리로 울고 뛰어다니는 노루를 보며 누나로 변신한 할머니가 말했습니다.

"노루가 미친 것 같아요. 노루를 죽여야겠어요."

원님은 노루를 죽여야 한다고 말하는 누나를 보고 이상하다고 생각했습니다. 노루가 된 동생은 울며 뛰다가 집을 부수고 연못으로 달려가 큰 소리로 울었습니다. 원님은 연못을 바라보고 우는 노루를 보고 분명히 연못에 뭔가 있을 것이라고 생각했습니다.

"이 연못의 물을 모두 퍼내라!"

연못의 물을 모두 퍼내니까 연못 바닥에 누나가 있었습니다. 누나는 잠을 자는 듯이 편안한 얼굴로 누워 있었습니다. 노루가 된 동생은 누나를 부르며 울었습니다. 동생의 눈물이 누나에게 닿는 순간 누나는 살아났고 동생도 사람의 모습으로 돌아왔습니다. 남매는 기뻐서 서로를 안고 울었습니다.

"누나, 죽은 거 아니지? 누나."

"내 동생, 다시 사람이 되었구나."

이를 지켜본 가짜 누나는 아홉 개의 꼬리가 달린 여우로 변신해 도망을 쳤습니다.

"어딜 도망가려고!"

원님은 활을 쏘아 여우를 죽였습니다. 그러고는 동생에게 말했습니다.

"고맙다. 네 덕분에 누나가 살았구나."

그 후로 세 사람은 행복하게 잘 살았습니다.

The Younger Brother Who Became a Roe Deer

Once upon a time, there were a brother and sister who got along well. But their parents died early, so they had to live in a distant relative's house, helping with the work. As the younger brother was so young that he couldn't work, the older sister did her brother's share of the work too. But the brother and sister only received mistreatment, wearing only shabby clothes and unable to eat well, and ended up being kicked out. The older sister carried her younger brother on her back and left down the road. One day, the younger brother said to his sister,

"Elder Sister, I'm thirsty."

"Just hang on a little while. Sister will go and see if there's any water nearby."

But no matter how she looked, there was no water in the area that they could drink. All there was was a little bit of stagnant water in the footprint of a roe deer. The sister had no choice and gave that water to her younger brother. And then her younger brother transformed into a roe deer.

"No! What on earth is this? Brother, my little brother! Sob, sob, sob."

The older sister held tight to her brother who had become a roe deer, and cried.

Then, a magistrate passing by on the road saw this sight and asked,

"Why are you hugging a roe deer and crying?"

The older sister told the magistrate everything that had happened to them all this while. The magistrate felt sorry for the brother and sister. And so he decided to take them home and look after them.

"It seems like you have nowhere to go, but you can stay here in the meantime."

The brother and sister were relieved that they could stay at the magistrate's house. The magistrate even made up a house for them near a pond so that the brother who had become a roe deer could stay comfortably. The older sister looked after her little brother well at the magistrate's house. The magistrate liked the gentle-hearted and beautiful older sister. And the older sister liked the kind magistrate as well. And so the two of them married.

One day, when the magistrate had left the house, an old woman came to the house.

"I haven't eaten in several days. Please give me some food."

The older sister felt sorry for the old woman, so she prepared a meal for her. After the old woman had eaten well, she asked to be shown the pond. The older sister took the old woman, and when they got close to the pond, the old woman suddenly plunged the older sister into the pond. As the older sister couldn't swim, she drowned in the pond and died. After checking that the older sister had sunk into the pond, the old woman transformed into the older sister. Seeing this sight, the younger brother who had become a roe deer was shocked, and began to shed tears and cry with a loud sound.

Just then, the magistrate returned home. The old woman who had turned into the older sister watched the roe deer crying loudly and running around, and she spoke.

"That roe deer seems crazy. We should kill the roe deer."

The magistrate looked at the older sister who said they should kill the roe deer and thought that something was strange. The younger brother who had become a roe deer was crying and running, and then he smashed up the house and ran to the pond and cried loudly. The magistrate saw the roe deer crying as it watched the pond and thought that something must clearly be inside the pond.

"Bail all the water out from this pond!"

When they drained all the water from the pond, the older sister was at the bottom of the pond. She was lying there with a peaceful expression on her face, as if she were sleeping. The younger brother who had become a roe deer called to his sister and cried. The moment that the younger brother's tears touched the older sister, she came back to life, and the brother also changed back into a person. The brother and sister were happy, and hugged each other and cried.

"Elder Sister, you aren't dead, are you? Elder Sister."

"My little brother, you've become a person again."

Seeing this, the fake older sister transformed into a fox from which nine tails hung, and it ran away.

"Where do you think you're running to!"

The magistrate shot the fox with an arrow and killed it. And then he spoke to the younger brother.

"Thank you. Thanks to you, your older sister survived."

Afterwards, the three people lived happily ever after.

남매	brother and sister	비우다	to empty, to leave (one's house)
몫	a share (of something)		
구박	mistreatment	빠뜨리다	to plunge (something into something else)
쫓겨나다	to be kicked out		
업다	to carry (someone on one's back)	헤엄	swimming
둘러보다	to look around	가라앉다	to sink
고이다	to be stagnant	뛰어다니다	to run around
끌어안다	to hold tight	미치다	to be crazy
안타깝다	to be pitiful	부수다	to smash, to break
보살피다	to look after	퍼내다	to bail (water) out, to drain (water from)
당분간	for now, in the meantime	(꼬리가) 달리다	(for a tail) to hang

Check the Contents!

❶ 동생은 왜 노루로 변했습니까?

Why did the younger brother turn into a roe deer?

❷ 죽은 누나는 어떻게 다시 살아났습니까?

How did the dead older sister come back to life?

41. 신기한 나뭇잎

옛날 어느 마을에 한 노인이 살았습니다. 노인은 사람들을 배에 태우고 강을 건널 수 있게 해 주는 사람이었습니다. 어느 날 비가 많이 와서 큰 홍수가 났습니다. 노인은 배가 걱정되어 배를 묶어 둔 강가에 갔습니다. 그런데 멀리서 강물에 사슴이 떠내려오는 것이 보였습니다. 노인이 배를 타고 가서 사슴을 배에 태웠습니다. 사슴을 강가에 데려다주려고 하는데, 이번에는 한 남자아이와 뱀이 떠내려오고 있었습니다. 노인은 아이와 뱀도 구했습니다. 강가에 도착하자 사슴과 뱀은 모두 돌아갔는데 아이는 아무 곳에도 가지 않고 울었습니다.

"얘야, 너는 집이 어디니? 이름은 뭐야?"

아이는 대답하지 않고 울기만 했습니다.

"네가 많이 놀랐나 보구나. 그럼, 우리 집으로 가서 당분간 함께 지내자."

노인은 아이가 정신적으로 충격을 받아서 기억을 잃어버렸을지도 모른다고 생각했습니다. 그래서 아이가 기억이 돌아올 때까지 데리고 있기로 했습니다. 그런데 며칠이 지나도 아이는 아무것도 기억하지 못했습니다. 그리고 마을 사람 누구도 아이를 아는 사람이 없었습니다.

"너는 부모님이 없구나. 나는 자식이 없어. 내가 너의 부모가 되어 줄까?"

아이는 노인과 함께 살고 싶었습니다. 그리고 노인도 아이가 불쌍해서 아이를 자식으로 삼아 키우기로 했습니다. 며칠 후 노인이 구해 줬던 사슴이 노인을 찾아왔습니다. 노인은 사슴을 다시 만나서 반가웠습니다. 그런데 사슴이 노인의 옷을 잡아당겼습니다. 마치 따라오라고 말하는 것 같았습니다.

"그래, 그래. 알았다. 너를 따라갈게."

사슴은 어느 동굴로 노인을 데리고 갔습니다. 노인이 동굴 안에 들어갔더니 그곳에는 금덩이가 아주 많았습니다.

"사슴아, 고맙다. 네가 이렇게 은혜를 갚는구나."

노인은 금덩이를 팔아서 부자가 되었습니다. 노인이 부자가 된 후 아이는 점점 게을러졌습니다. 놀고 먹고 자기만 했습니다. 노인이 아이에게 말했습니다.

"매일 놀고 먹기만 하면 금방 가난해질 수 있어. 돈이 많아도 매일 열심히 일을 하면서 살아야 해."

아이는 노인의 잔소리가 듣기 싫어서 원님에게 노인이 도둑질을 해서 부자가 됐다고 거짓말을 했습니다. 원님은 노인을 감옥에 가두었습니다. 노인은 감옥에서 한숨을 쉬었습니다.

"에휴, 내가 감옥에 갇히게 되다니. 사슴 덕분에 부자가 되었다고 말해도 내 말을 믿지 않을 텐데."

노인은 너무 속상했습니다. 그러면서도 아이가 걱정이 되었습니다.

"에휴, 얼른 철이 들어야 할 텐데……."

그때 노인이 구해 줬던 뱀이 나타났습니다. 노인은 뱀이 반가웠습니다.

"너는 그때 그 뱀이구나. 설마 너도 나를 도와주러 온 거냐?"

그런데 뱀이 노인의 다리를 물고 사라졌습니다.

"아이고, 은혜를 이렇게 갚다니."

노인이 아파서 괴로워하고 있을 때 뱀이 이상하게 생긴 나뭇잎을 물고 와서 노인의 다리에 댔습니다. 그러자 다리가 아프지 않았습니다. 그러고 나서 뱀은 다시 사라졌습니다. 노인은 뱀의 행동을 이해할 수 없었습니다. 잠시 후 감옥 밖이 시끄러웠습니다. 원님이 뱀에 물렸기 때문입니다. 유명한 의사들이 와도 고치지 못했습니다. 노인은 그제야 왜 뱀이 자신을 물었다가 다시 고쳐 주고 간 것인지 알 것 같았습니다. 노인은 감옥에서 큰 소리로 외쳤습니다.

"제가 원님을 고쳐 줄 수 있습니다!"

잠시 후 노인은 원님의 방에 들어갈 수 있게 되었습니다. 원님은 아파서 괴로워하고 있었습니다. 노인은 뱀이 준 나뭇잎으로 원님의 아픈 곳을 고쳐 주고 그동안 있었던 사실을 모두 말했습니다. 그 얘기를 들은 원님이 거짓말을 한 아이를 감옥에 가두었지만 노인은 아이를 풀어 달라고 부탁했습니다. 아이는 자신 때문에 억울하게 감옥에 갇혔는데도 자신을 위해 노력하는 노인에게 미안했습니다. 그래서 울면서 말했습니다.

"제가 잘못했어요, 아버지."

원님은 아이가 진심으로 반성하는 모습을 보고 풀어 주었습니다. 그 후 노인과 아이는 부지런히 일하며 행복하게 살았다고 합니다.

The Marvelous Leaf

Once upon a time in a certain village, there lived an old man. The old man was a person who took people on a boat and helped them across the river. One day, it rained a lot and there was a big flood. The old man was worried about the boat, so he went to the riverside where he had tied it up. But he saw in the distance a deer that was being washed away by the river water. The old man got in his boat and went to let the deer onto the boat. He was going to bring the deer to the riverside, but then there was a boy and a snake being washed away. The old man saved the child and the snake. When he arrived at the riverside, the deer and the snake both left, but the child had nowhere to go and cried.

"Child, where is your home? What is your name?"

The child didn't answer and only cried.

"You must have been very startled. Then come to my house and stay with me for a while."

The old man thought that the child might have lost his memories because he'd received a mental shock. And so he decided to bring the child home until his memories returned. But even after a few days, the child couldn't remember anything. And there was nobody in the village who knew the child either.

"So you don't have any parents. I don't have any children. Shall I become your parent?"

The child wanted to live with the old man. And the old man pitied the child and decided to raise him and consider him as his own. A few days later, the deer that the old man had saved came to see him. The old man was happy to see the deer again. But the deer pulled on the old man's clothes. It was as if it was telling him to follow.

"Okay, okay. I get it. I'll follow you."

The deer took the old man to a cave. When the old man went inside the cave, there were many gold nuggets there.

"Deer, thank you. You're repaying my favor like this."

The old man sold the gold nuggets and became rich. After the old man became rich, the child grew more and more lazy. He only played and ate and slept. The old man spoke to the child.

"If you only play and eat every day, you can become poor very quickly. Even if you have a lot of money, you need to live working hard each day."

The child didn't want to hear the old man's nagging, and so he lied to the magistrate and said that the old man had become rich by stealing. The magistrate locked the old man in jail. In jail, the old man sighed.

"Sigh, to think I've ended up in jail. Even if I say that I became rich thanks to a deer, nobody will believe me."

The old man was very upset. And at the same time, he was worried about the child.

"Sigh, he needs to hurry up and mature……"

Then the snake that the old man had saved appeared. The old man was happy to see the snake.

"You're the snake from back then. It can't be. Have you also come to help me?"

But the snake bit the old man's leg and disappeared.

"Oh dear, to repay my favor like this……"

When the old man was in pain and suffering, the snake bit a strange-looking leaf and brought it and touched it to the old man's leg. And then his leg no longer hurt. After this, the snake disappeared again. The old man couldn't understand the snake's actions. A little while later, there was a lot of noise from outside of the jail. This was because the snake had bitten the magistrate. Even though famous doctors came to see him, they couldn't cure him. At last, the old man thought he understood why the snake had bitten him and then cured him again. The old man shouted loudly from the jail.

"I can cure the magistrate!"

A little while later, the old man was allowed to come inside the magistrate's room. The magistrate was in pain and suffering. The old man cured the magistrate's pain with the leaf that the snake had given him, and then he told the magistrate the truth about everything that had happened. Hearing this story, the magistrate locked the child who had lied in jail, but the old man asked him to let the child out. The child was sorry to the old man, who was trying for his sake even though he had gotten the old man unfairly locked away in jail. And so the child cried as he spoke.

"I was wrong, Father."

The magistrate saw that the child had truly reflected and let him go. It's said that after that, the old man and the child lived happily ever after, working diligently.

강가	riverside	가두다	to lock up
떠내려오다	to carry away, to wash away	갇히다	to be locked up
정신적	mental	철(이 들다)	maturity (to mature)
충격	shock	설마	it can't be, no way
삼다	to consider	괴로워하다	to suffer
잡아당기다	to pull	(무언가에) 대다	to touch (to something)
마치	as if	외치다	to shout
따라오다	to follow	풀다	to release, to let go
동굴	cave	반성하다	to reflect (on)
잔소리	nagging		

Check the Contents!

❶ 홍수가 났을 때 노인은 누구를 구해 주었습니까?
Who did the old man save when the flood occurred?

❷ 아이는 왜 거짓말을 했습니까?
Why did the child lie?

42. 쑥과 마늘

옛날 하늘나라 임금님에게는 환웅이라는 아들이 있었습니다. 환웅은 인간 세상에 관심이 많아서 늘 구름 위에서 하늘 아래를 내려다보았습니다. 사람들은 서로 싸우고 죽였으며 굶어 죽는 사람도 많았습니다. 힘이 있는 사람들은 힘이 없는 사람들의 것을 빼앗고 죽이는 세상이었습니다. 환웅은 인간들을 보며 안타까워했습니다. 그래서 인간 세상에 내려와서 사람들이 잘 살 수 있도록 도와주어야겠다고 생각했습니다. 환웅은 하늘나라 임금님을 찾아갔습니다.

"아버님, 저는 인간 세상에 내려가고 싶습니다."

"너는 인간 세상에 왜 내려가려고 하느냐?"

"저는 인간들을 도와주고 싶습니다. 인간들이 서로 싸우고 빼앗고 죽이는 것이 너무 안타깝습니다."

"그럼, 내가 너에게 무엇을 주면 되겠느냐?"

"비와 바람과 구름을 주십시오."

하늘나라 임금님은 환웅에게 비와 바람과 구름을 다스리는 신들을 데리고 가라고 했습니다. 그래서 환웅은 세 신들과 3,000명의 사람들을 이끌고 세상에 내려왔습니다. 환웅은 인간 세상에 내려와서 하늘에 제사를 지냈습니다. 그리고 사람들에게 농사짓는 방법과 옷 만드는 방법을 알려 주었고 아픈 사람들의 병도 고쳐 주었습니다. 비와 바람과 구름을 다스리는 신들은 사람들이 농사를 잘 지을 수 있도록 도와주었습니다. 환웅이 인간 세상에 내려온 후 먹을 것이 풍부해졌고 사람들은 서로 싸우지 않고 도와가며 행복하게 살게 되었습니다. 그것을 본 곰과 호랑이도 사람이 되고 싶어서 환웅을 찾아왔습니다.

"환웅님, 저희도 사람이 되고 싶습니다."

환웅은 곰과 호랑이에게 신기한 쑥과 마늘을 주면서 말했습니다.

"사람이 되려면 빛이 없는 동굴 속에서 이것만 먹으면서 100일 동안 살아야 한다. 그러면 너희들의 정성이 하늘에 닿아 사람이 될 수 있다. 할 수 있겠느냐?"

"사람이 될 수 있다면 참을 수 있습니다."

곰과 호랑이는 쑥과 마늘을 가지고 동굴 속으로 들어갔습니다. 쑥과 마늘을 처음 먹어 본 호랑이가 말했습니다.

"뭐야, 이렇게 맛이 없을 줄은 몰랐네. 너무 쓰고 맵잖아."

"세상에 쉬운 게 어디에 있겠어. 그래도 인간이 되려면 참아야지."

곰은 이렇게 말했지만 쑥은 쓰고 마늘은 매워서 배부르게 먹을 수 없었습니다. 그리고 빛이 없는 동굴 안에만 있는 것은 너무 답답했습니다. 그러던 어느 날 호랑이가 말했습니다.

"이러다가 사람이 되기 전에 굶어 죽을 것 같아. 이제 난 지쳤어. 난 나가서 고기를 실컷 먹을 거야."

"아냐, 호랑아, 조금만 참아 봐. 지금껏 잘 견뎌 왔잖아."

곰이 호랑이를 말렸지만 호랑이는 결국 동굴 밖으로 나가 버렸습니다. 동굴에 혼자 남은 곰은 외롭고 괴로웠지만 참고 또 참았습니다. 그리고 마침내 곰은 여자가 되어 동굴 밖으로 나왔습니다. 사람들은 이 여자를 웅녀라고 불렀습니다. 웅녀는 다른 사람들처럼 결혼도 하고 아이도 낳으며 살고 싶었습니다. 그래서 날마다 하늘을 보고 정성을 다해 기도했습니다.

"하늘님, 저도 다른 사람들처럼 결혼해서 아이를 낳게 해 주세요."

웅녀의 기도는 매우 간절했습니다. 그 모습을 본 환웅은 웅녀와 결혼했고 얼마 후 웅녀는 아들을 낳았습니다. 이 아이가 단군입니다.

단군은 자라면서 환웅처럼 사람들을 많이 도와주었습니다. 그래서 사람들이 단군에게 임금님이 되어 달라고 했습니다. 단군은 모든 인간을 이롭게 하겠다는 마음으로 나라를 만들고 오랫동안 다스렸습니다. 이 나라가 바로 한국 최초의 나라, 고조선입니다.

Mugwort and Garlic

Once upon a time, the king of the heavens had a son named Hwanung. Hwanung was very interested in the human world, so he always looked down from the heavens from atop a cloud. The people fought and killed one another, and there were a lot of people who starved to death too. It was a world in which the strong took things from the weak and killed them. Hwanung felt sorry watching the humans. And so he thought that he should go down to the human world and help them so that they could live well. Hwanung went to see the king of the heavens.

"Father, I want to go down to the world of humans."

"Why do you want to go down to the world of humans?"

"I want to help the humans. It's very sad that the humans fight one another, and steal, and kill."

"Then what should I give to you?"

"Please give me rain and wind and clouds."

The king of the heavens told Hwanung to go, and to bring with him the gods that controlled the rain and the wind and the clouds. And so Hwanung led the three gods and 3,000 people and went down to the world. When Hwanung came down to the human world, he held a memorial service for the heavens. And then he taught the people how to farm and how to make clothes, and he cured the illnesses of the sick. The gods who controlled the rain and the wind and the clouds helped so that the people could farm well. After Hwanung came down to the human world, food became plentiful and people didn't fight, and they helped one another and came to live happily. A bear and a tiger who saw this also wanted to become human and came to see Hwanung.

"Sir Hwanung, we want to become human too."

Hwanung gave the bear and the tiger some remarkable mugwort and garlic as he said,

"To become human, you have to go into a cave where there's no light and live eating only this for 100 days. If you do, your devotion will reach the heavens and you can become human. Can you do it?"

"If we can become human, we can endure it."

The bear and the tiger took the mugwort and the garlic and went into a cave. When it first tried the mugwort and the garlic, the tiger said,

"What's this, I didn't know it would taste so bad. It's so bitter and spicy."

"There's nothing easy in this world. But if we want to become human, we have to endure it."

The bear said this, but the mugwort was bitter and the garlic was spicy, so it was unable to eat its fill. And only staying inside a cave without light was too stifling. Then one day, the tiger said this.

"If we go on like this, we'll starve to death before we become human. I'm tired now. I'm going to leave and eat meat heartily."

"No, tiger, hang on a little more. You've endured well until now."

The bear tried to stop the tiger, but in the end, the tiger left and went outside of the cave. The bear who was left alone in the cave was lonely and suffering, but it endured and endured some more. And then finally, the bear became a woman and came out of the cave. The people called this woman Ungnyeo. Ungnyeo wanted to get married and have children and live like the other people. And so each day, she looked up at the heavens and prayed with all her sincerity.

"God, let me get married and have children too like the other people."

Ungnyeo's prayer was very earnest. Hwanung, who saw this sight, married Ungnyeo, and a little while later, Ungnyeo gave birth to a son. This son was Dangun.

As Dangun grew, he helped many people, like Hwanung. And so the people asked Dangun to become their king. Dangun created a country with the intention of being beneficial to all humans, and ruled over it for a long time. This country was Gojoseon, the first Korea.

 **Vocabulary**

인간	human	빛	light
관심	interest	정성	sincerity, devotion
내려다보다	to look down at	배부르다	for one's stomach to be full
빼앗다	to take, to steal	지치다	to be tired
안타까워하다	to feel sorry	지금껏	until now
다스리다	to control, to rule	견디다	to endure
신	god	(싸움을) 말리다	to stop (a fight)
이끌다	to lead	마침내	finally, in the end
풍부하다	to be ample	이롭다	to be beneficial
곰	bear	최초	the first

📝 **Check the Contents!**

❶ 환웅은 인간 세상에 내려와서 무엇을 했습니까?

What did Hwanung do when he came down to the world of humans?

❷ 곰과 호랑이가 사람이 되려면 무엇을 해야 합니까?

What do the bear and tiger have to do in order to become human?

43. 구렁덩덩 선비

 옛날에 어떤 할머니가 있었는데 늙도록 자식이 없었습니다. 할머니는 자식을 낳고 싶어서 산신령께 열심히 기도했습니다. 그러던 어느 날 할머니는 밭에서 일을 하다가 큰 알을 하나 발견했습니다. 일하느라 배가 고팠던 할머니는 알을 집으로 가져와서 삶아 먹었습니다. 그 후 할머니는 임신한 것처럼 배가 점점 커졌습니다. 그러고는 열 달 후 구렁이 아들을 낳았습니다. 할머니는 구렁이를 낳았다는 사실이 놀랍기는 했지만 그래도 구렁이 아들이 예쁘고 귀여웠습니다. 그러던 어느 날 이웃집의 세 딸이 아기를 구경하러 왔습니다. 구렁이 아기를 본 첫째 딸과 둘째 딸이 말했습니다.

"어머, 징그러워. 구렁이잖아."

그러고는 집으로 달아났습니다. 하지만 셋째 딸은 구렁이 아기를 가만히 들여다보고 말했습니다.

"조그만 게 귀엽네."

셋째 딸은 구렁이 아기를 징그러워하거나 무서워하지 않았습니다. 그래서 가끔 구렁이 아기와 놀았습니다. 할머니는 구렁이 아들을 사랑으로 키웠습니다. 세월이 흘러 장가를 갈 나이가 된 구렁이 아들이 할머니에게 말했습니다.

"어머니, 이웃집 셋째 딸과 결혼을 하고 싶어요."

"얘야, 너는 구렁이인데 어떻게 옆집 딸하고 결혼할 수 있겠니?"

할머니는 안 된다고 말했지만 구렁이 아들은 계속 할머니를 졸랐습니다. 할머니는 아들의 고집을 꺾을 수 없었습니다. 결국 할머니는 이웃집에 가서 이야기했습니다. 그런데 뜻밖에 셋째 딸이 구렁이와 결혼을 하겠다고 했습니다. 그래서 셋째 딸과 구렁이 아들은 결혼을 했습니다. 그날 밤 구렁이 아들은 셋째 딸 앞에서 허물을 벗고 잘생긴 선비가 되었습니다.

"나는 하늘에 죄를 지어서 구렁이로 태어났지만, 이제 다시 사람이 되었으니 너무 놀라거나 걱정하지 마세요."

구렁이 아들이 멋진 선비가 되었다는 소문이 온 마을에 퍼졌습니다. 사람들은 구렁이 아들을 구렁덩덩 선비라고 불렀습니다.

어느 날 구렁덩덩 선비는 시험을 보러 서울에 가게 되었습니다. 구렁덩덩 선비는 집을 떠나면서 아내에게 말했습니다.

"내가 없는 동안 이 허물을 잘 보관해 주세요."

셋째 딸은 남편의 허물을 예쁜 천에 잘 싸서 벽장에 보관했습니다. 그런데 동생의 집에 놀러 온 첫째 딸과 둘째 딸이 벽장을 열어 봤다가 그 허물을 보게 되었습니다.

"얘는 징그럽게 이런 걸 왜 가지고 있는 거야?"

첫째와 둘째 딸은 구렁덩덩 선비의 허물을 불에 던졌습니다. 그러자 허물은 순식간에 타 버렸습니다. 셋째 딸이 급히 불을 꺼 보려고 했지만 허물은 이미 다 타 버린 후였습니다. 허물이 타는 냄새는 멀리멀리 퍼졌습니다. 먼 곳에 가 있던 구렁덩덩 선비는 허물이 타는 냄새를 맡았습니다. 선비는 그 냄새를 맡고 집으로 돌아오지 않았습니다. 일 년, 이 년, 삼 년을 기다린 아내는 선비를 찾아 떠났습니다. 길을 걷고 또 걷다가 까치에게 물었습니다.

"까치님, 구렁덩덩 선비님을 봤나요?"

까치는 벌레를 잡아 주면 알려 주겠다고 말했습니다. 셋째 딸이 벌레를 잡아 주자 밭에서 일하는 할아버지에게 물어보라고 했습니다.

"할아버지, 구렁덩덩 선비님을 봤나요?"

할아버지는 밭에서 일을 다 해 주면 알려 준다고 말했습니다. 셋째 딸이 일을 다 해 주자 강가에서 빨래하는 여자에게 물어보라고 말했습니다. 그래서 빨래하는 여자에게 가서 물어봤더니 빨래를 다 해 주면 알려 주겠다고 했습니다. 셋째 딸은 많은 빨래를 다 해 주었습니다. 빨래하는 여자는 셋째 딸에게 커다란 바가지를 주며 바가지를 타고 강을 따라 내려가라고 했습니다. 셋째 딸은 바가지를 타고 강을 따라 내려가서 남편이 있는 곳을 찾았습니다. 구렁덩덩 선비는 달을 보며 아내와 함께 부르던 노래를 혼자 부르고 있었습니다. 셋째 딸도 노래를 불렀습니다. 두 사람은 노래로 서로 사랑하는 마음이 변하지 않았다는 것을 확인했습니다. 그래서 두 사람은 다시 만나 행복하게 살았습니다.

The Divine Serpent Scholar

Once upon a time, there was an old woman who had no children even as she grew older. The old woman wanted to have children, so she prayed diligently to a mountain spirit. And then one day, the old woman was working in the fields when she found a large egg. The old woman, who was hungry from working, brought the egg home, boiled it, and ate it. After this, the old woman's stomach grew bigger and bigger, as if she were pregnant. And then 10 months later, she gave birth to a son who was a serpent. The old woman was surprised at the fact that she'd birthed a serpent, but her serpent son was lovely and cute. And then one day, the three daughters from a neighboring home came to see the baby. Seeing the baby for the first time, the first and second daughters spoke.

"Oh, how disgusting. It's a serpent."

And then they ran away to their house. But the third daughter stayed still and looked at the baby, and said,

"This little one is cute."

The third daughter didn't think the baby was disgusting or frightening. And so sometimes she would play with the serpent baby. The old woman raised her serpent son with love. Time passed and the serpent son, who had become of marrying age, said to the old woman,

"Mother, I want to marry the third daughter from the neighbors' family."

"Dear, you're a serpent. How can you get married with the neighbors' daughter?"

Although the old woman said he couldn't, the serpent son continued to pester the old woman. The old woman couldn't break through her son's stubbornness. In the end, the old woman went and told the neighbors. But unexpectedly, the third daughter said that she would marry the serpent. And so the third daughter and the serpent son got married. That night, the serpent son shed his skin in front of the third daughter and turned into a handsome scholar.

"I committed a crime against the heavens so I was born as a serpent, but I've become a person again now, so please don't be too surprised or worried."

Rumor spread to the whole village that the serpent had become a handsome scholar. The people called the serpent son the Divine Serpent Scholar.

One day, the Divine Serpent Scholar went to Seoul to take an exam. As he left the house, he spoke to his wife.

"While I'm away, please take good care of my skin."

The third daughter wrapped her husband's skin well in a lovely cloth and stored it in the wardrobe. But then the first and second daughters, who had come to visit their younger sister, opened the wardrobe and saw the skin.

"Why is she keeping this disgusting thing?"

The first and second daughters tossed the Divine Serpent Scholar's skin into the fire. And then the skin burned up in an instant. The third daughter hurriedly tried to put the fire out, but the skin had already burned up. The smell of the burning skin spread very, very far. The Divine Serpent Scholar, who had gone far away, smelled the smell of his skin burning. After the scholar smelled it, he didn't return home. His wife, who waited for one year, two years, three years, left to find the scholar. She walked and walked along the road and asked a magpie,

"Sir magpie, have you seen the Divine Serpent Scholar?"

The magpie said that he would tell her if she caught him a bug. When the third daughter caught him a bug, he told her to go ask the old man working in the fields.

"Grandfather, have you seen the Divine Serpent Scholar?"

The old man said that he would tell her if she did all his work in the fields. When the third daughter finished all his work for him, he told her to go ask the woman doing laundry at the riverside. And so she went and asked the woman doing laundry at the riverside, who said that she would tell her if she did all the laundry for her. The third daughter did all of the laundry. The woman doing laundry gave the third daughter a large gourd bowl and told her to get in the gourd bowl and follow the river down. The third daughter got in the gourd bowl and followed the river down, and found the place where her husband was. The Divine Serpent Scholar was looking at the moon and singing alone a song that he had sung with his wife. The third daughter sang the song too. The two of them confirmed through the song that their feelings of love for each other hadn't changed. And so the two of them met again and lived happily ever after.

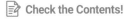 **Vocabulary**

삶다	to boil	조르다	to pester
임신	pregnancy	고집	stubbornness
구렁이	serpent	꺾다	to break
놀랍다	to be surprising	뜻밖에	unexpectedly
징그럽다	to be disgusting	(뱀의) 허물	(a snake's) skin
달아나다	to run away	온	whole, entire
들여다보다	to look at	퍼지다	to spread
조그맣다	to be small	보관하다	to keep, to store
세월	time	급히	hurriedly
장가	marriage (for a man to marry a woman)	벌레	bug

Check the Contents!

❶ 셋째 딸은 구렁이 아기를 보고 뭐라고 말했습니까?
What did the third daughter say when she saw the baby serpent?

❷ 선비는 왜 집으로 돌아오지 않았습니까?
Why didn't the scholar return home?

44. 토끼의 간

옛날에 바닷속 용궁에는 용왕이 살고 있었습니다. 그런데 용왕이 큰 병에 걸렸습니다. 유명한 의사들이 와도 용왕의 병을 고칠 수 없었고 어떤 약을 먹어도 모두 소용이 없었습니다. 의사는 용왕에게 말했습니다.

"용왕님, 용왕님의 병을 고치려면 토끼의 간을 드셔야 합니다."

용왕은 누구든지 육지에 가서 토끼의 간을 가져오면 큰 상을 주겠다고 말했습니다. 하지만 바다에 사는 물고기들은 누구도 토끼의 간을 가지고 오겠다고 말할 수 없었습니다. 물고기는 물 밖으로 나가면 숨을 못 쉬고 죽기 때문이었지요. 그때 자라가 용감하게 말했습니다.

"용왕님, 제가 육지에 가서 토끼를 잡아 오겠습니다."

의사는 자라에게 토끼의 그림을 보여 주며 토끼가 어떻게 생겼는지 알려 주었습니다. 자라는 토끼의 그림을 가지고 물 밖으로 나왔습니다. 그때 멀리에서 토끼가 뛰어가고 있는 것이 보였습니다.

'동그랗고 빨간 눈, 긴 두 귀, 짧은 앞다리에 긴 뒷다리 그리고 짧은 꼬리. 분명 저 짐승이 토끼일 거야.'

자라는 토끼를 놓칠까 봐 서둘러 토끼에게 다가갔습니다.

"토끼님, 육지 짐승의 대표로 토끼님을 용궁에 초대하려고 왔습니다."

토끼는 자신이 육지 짐승의 대표라는 말에 기분이 좋았습니다. 자라는 토끼를 속여서 용궁으로 데리고 가기 위해 온갖 거짓말을 했습니다.

"용왕님이 토끼님에게 용궁에서 높은 자리를 주려고 하십니다. 그럼 많은 보물도 받고 용궁에서 춥지도 배고프지도 않게 살 수 있을 겁니다. 저하고 함께 가시지요."

토끼는 생각했습니다.

'그래, 여기에서는 무서운 호랑이한테 항상 쫓기고 살았지. 하지만 용궁에 가면 쫓길 걱정 없이 편하게 살 수 있을 거야.'

토끼는 자라를 따라 용궁에 가기로 했습니다. 자라는 토끼를 등에 태우고 용궁으로 갔습니다. 토끼가 용궁에 도착하자 물고기들이 와서 토끼를 줄로 묶은 후 용왕 앞으로 데리고 갔습니다. 용왕이 말했습니다.

"네가 토끼구나. 미안하지만 네 간을 먹어야 내 병이 낫는다고 하는구나. 네가 나를 위해 간을 준다면 네 은혜는 잊지 않겠다."

토끼는 깜짝 놀라고 무서웠지만 아무렇지 않은 척하며 말했습니다.

"용왕님, 그럼 미리 말씀을 하셨어야지요. 저는 지금 간이 없습니다."

"간이 없다니, 그게 말이 되느냐?"

"용왕님, 제 간은 아주 귀한 약이기 때문에 몸에 지니고 다니면 안 됩니다. 그래서 간을 꺼내서 저만 아는 장소에 숨겨 놓았습니다."

"세상에 간을 꺼내 놓고 사는 동물이 어디에 있느냐?"

토끼는 침착하게 말했습니다.

"육지 동물은 그럴 수 있습니다. 아, 못 믿으시면 어쩔 수 없지요. 하지만 제가 죽으면 제 간은 영원히 못 찾을 겁니다."

용왕은 자라에게 토끼와 함께 육지에 가서 토끼의 간을 찾아오라고 했습니다. 그래서 자라는 토끼를 태우고 다시 육지로 올라왔습니다. 그런데 토끼는 육지에 도착하자마자 뛰어서 도망갔습니다. 그러고는 뒤를 돌아보며 말했습니다.

"이 어리석은 자라야. 세상에 간을 꺼내 놓고 사는 동물이 어디에 있느냐? 네가 먼저 나를 속인 것이니 나를 너무 미워하지는 말아라."

토끼가 너무 빨리 뛰어가서 자라는 토끼를 잡을 수 없었습니다. 자라는 너무 속상했습니다.

'아이고, 토끼를 놓쳐 버렸어. 나 때문에 우리 용왕님이 돌아가실지도 몰라. 흑흑.'

자라는 죽고 싶어져서 산 높은 곳으로 올라갔습니다. 그리고 자라가 뛰어 내리려고 할 때 갑자기 산신령이 나타났습니다.

"자라야, 내가 너에게 약을 줄 테니 용왕님께 가져다드리도록 해라."

자라는 산신령이 준 약을 가지고 용궁으로 돌아갔습니다. 용왕은 자라가 가져다 준 약을 먹은 후에 병이 깨끗이 나았다고 합니다.

The Rabbit's Liver

Once upon a time, the Dragon King was living in the Dragon Palace under the ocean. But the Dragon King caught a bad illness. Even though famous doctors came, they couldn't cure the Dragon King's illness, and no matter what medicine he took, they were all useless. A doctor spoke to the Dragon King.

"Dragon King, in order to cure your illness, you need to eat a rabbit's liver."

The Dragon King said that if someone went to the land and brought back a rabbit's liver, he would give them a big reward. But none of the fish living in the sea could say that they would go and bring back a rabbit's liver. This was because fish cannot breathe and will die if they come out of the water. Just then, a terrapin bravely spoke.

"Dragon King, I will go to the land and catch a rabbit and bring it back."

The doctor showed the terrapin a picture of a rabbit and told him what a rabbit looked like. The terrapin took the picture of the rabbit and went out of the water. Then he saw a rabbit passing by in the distance.

'Round, red eyes, two long ears, short front legs, long back legs, and a short tale. That beast is clearly a rabbit.'

Thinking he might miss the rabbit, the terrapin approached him quickly.

"Sir rabbit, I've come to invite you to the Dragon Palace as a representative of the beasts of the land."

Hearing that he was a representative of the beasts of the land, the rabbit felt good. In order to fool the rabbit and bring him to the Dragon Palace, the terrapin told every sort of lie.

"The Dragon King wants to give you a high position in the Dragon Palace. Then you'll receive lots of treasures, and in the Dragon Palace, you can live without getting cold or hungry. Come with me."

The rabbit thought,

'That's right, here I live always being chased by frightening tigers. But if I go to the Dragon Palace, I can live comfortably without worrying about being chased.'

The rabbit decided to follow the terrapin and go to the Dragon Palace. The terrapin gave the rabbit a ride on his back and went to the Dragon Palace. When the rabbit arrived at the Dragon Palace, fish came and tied him up with a rope, and then brought him before the Dragon King. The Dragon King spoke.

"So you're a rabbit. I'm sorry, but they say that I have to eat your liver in order to cure my illness. If you give me your liver, I won't forget your kindness."

The rabbit was surprised and scared, but spoke as if it were nothing.

"Dragon King, you should have told me in advance. I don't have my liver right now."

"You don't have your liver? Does that make any sense?"

"Dragon King, because my liver is very precious medicine, I can't walk around carrying it on me. So I took out my liver and hid it in a place that only I know."

"Where on earth is there an animal that lives with its liver taken out?"

The rabbit spoke calmly.

"The animals of the land can do it. If you don't believe me, then there's nothing to be done about it. But if you kill me, you'll never be able to find my liver."

The Dragon King told the terrapin to go to the land with the rabbit and bring back the rabbit's liver. But as soon as the rabbit arrived on the land, he ran away. And he said, looking back,

"You foolish terrapin. Where on earth is there an animal that lives with its liver taken out? You fooled me first, so don't hate me too badly."

The rabbit ran away so quickly that the terrapin couldn't catch him. The terrapin was very upset.

'Oh no, I lost the rabbit. Our majesty the Dragon King might die because of me. Sob, sob."

The terrapin wanted to die, and so he went high up a mountain. And then when he was going to jump off, a mountain spirit suddenly appeared.

"Terrapin, I'll give you medicine, so go bring it to the Dragon King."

The terrapin took the medicine that the mountain spirit gave to him and went back to the Dragon Palace. It's said that after the Dragon King took the medicine that the terrapin brought him, his illness was completely cured.

Vocabulary

소용	use	대표	representative
육지	land	속이다	to trick
상	reward	온갖	every, all
숨	breath	보물	treasure
자라	terrapin	배고프다	to be hungry
용감하다	to be brave	쫓기다	to be chased
분명	clearly, surely	지니다	to carry, to keep
짐승	beast	침착하다	to be calm
놓치다	to miss	돌아보다	to look back
다가가다	to approach	어리석다	to be foolish

Check the Contents!

❶ 토끼는 용왕에게 간이 어디에 있다고 말했습니까?
Where did the rabbit tell the Dragon King that his liver was?

❷ 용왕은 무엇을 먹고 병이 나았습니까?
What did the Dragon king eat and was he cured?

45. 효녀 심청

 옛날 어느 마을에 심학규라는 사람이 살았습니다. 이 사람은 앞을 보지 못하기 때문에 사람들은 이 사람을 심 봉사라고 불렀습니다. 심 봉사의 부부는 아이를 낳고 싶었습니다. 그래서 열심히 기도한 끝에 청이라는 예쁜 딸을 낳았습니다. 그런데 심청의 엄마는 어린 딸을 낳은 지 얼마 되지 않아서 병을 앓다가 죽고 말았습니다. 심 봉사는 심청을 키우기 위해 마을 사람들의 도움을 받아야 했습니다.

"젖 좀 주세요. 우리 청이가 배가 고파 웁니다."

"아이구, 불쌍하기도 해라. 저한테 주세요. 제가 젖을 줄게요."

심청은 이렇게 마을 사람들의 젖을 얻어먹으면서 자랐습니다. 그렇게 15살이 된 심청은 어려운 환경에서 자신을 키워 준 아버지에게 감사하는 마음으로 정성을 다해 아버지를 모셨습니다.

어느 날 심청이 마을 잔치에 일을 도와주러 갔는데 한참을 기다려도 심청이 집으로 돌아오지 않았습니다. 심청이 걱정된 심 봉사는 심청을 찾아 밖으로 나갔다가 물에 빠졌습니다. 그 모습을 보고 한 스님이 달려와서 심 봉사를 구해 주었습니다.

"쯧쯧쯧, 공양미 300석이면 눈을 뜰 수 있는 것을……."

눈을 뜰 수 있다는 말에 심 봉사는 300석을 시주하겠다고 약속했습니다. 하지만 집에 돌아온 심 봉사는 그 약속을 한 것이 후회되어서 한숨만 나왔습니다.

"아무리 눈을 뜨고 싶어도 그렇지, 그 많은 쌀이 어디에 있다고 약속을 했나……."

집에 돌아온 심청이 심 봉사의 말을 듣고 말했습니다.

"아버지, 걱정하지 마세요. 오늘 간 잔칫집에서 저를 양녀로 삼고 싶다고 했어요. 아주 큰 부잣집이니까 300석을 줄 수 있을 거예요."

"네가 부잣집에 양녀로 간다니 그거 잘 되었구나."

그 말을 듣고 심 봉사는 표정이 밝아졌습니다. 이제 심 봉사는 안심하고 심청이 차려 준 밥을 먹을 수 있었습니다. 하지만 심청은 아버지에게 거짓말을 했기 때문에 마음이 편하지 않았습니다. '어디에서 그 많은 쌀을 구할 수 있을까?' 이렇게 생각하면서 길을 걷는데 "아가씨를 삽니다. 인당수에 제물로 쓸 아가씨를 삽니다." 하는 소리가 들렸습니다. 심청은 자신이 제물이 될 테니 쌀 300석을 달라고 했습니다. 상인들은 심청의 집에 쌀을 보내주고 심청을 배로 데리고 갔습니다. 배가 인당수에 도착했을 때 파도가 심하게 쳤습니다. 심청은 기도했습니다.

"제발 우리 아버지 눈을 뜨게 해 주세요."

그러고는 눈을 꼭 감고 배에서 뛰어내렸습니다. 그러자 거친 파도가 멈추고 바다는 조용해졌습니다. 그런데 잠시 뒤 심청이 눈을 떴을 때 바닷속에서 용왕이 심청을 내려다보고 있었습니다.

"너는 마음이 착한 효녀이니 너를 살려 주겠다."

용왕은 심청을 커다란 연꽃에 태워서 바다 위로 보냈습니다. 마침 바다에서 고기를 잡고 있던 어부가 커다란 연꽃을 발견했습니다.

"바다에 웬 꽃이지? 이건 보통 꽃이 아닐 거야."

어부는 그 꽃을 임금님께 바쳤습니다. 임금님이 연꽃에 다가가자 연꽃 속에서 심청이 나왔습니다. 임금님은 연꽃에서 나온 심청과 사랑에 빠져서 결혼했습니다. 심청은 임금님과 결혼한 후에도 아버지가 걱정이 되었습니다.

'아버지는 눈을 뜨셨을까? 건강하실까?'

임금님은 아버지를 보고 싶어 하는 심청을 위해서 봉사들을 위한 잔치를 열었습니다. 심청은 잔치에 온 심 봉사를 보고 달려갔습니다.

"아버지!"

"무슨 소리입니까? 제 딸은 저 때문에 바다에 빠져 죽었습니다. 흑흑흑"

"아버지, 제가 청이입니다. 아버지 딸 청이에요."

"아니, 뭐라고? 우리 딸 청이가 살아 있다고?"

심 봉사는 심청의 얼굴을 만져봤습니다.

"그래 우리 딸 청이가 맞구나. 우리 딸이 무사히 살아 있었구나. 청아. 흑흑."

심 봉사와 심청은 서로 안고 울었습니다. 그런데 그 순간 심 봉사의 눈이 떠졌습니다.

"보인다. 우리 딸 얼굴이 보인다."

그 후 심청은 아버지를 모시고 행복하게 살았다고 합니다.

Filial Daughter Shim Cheong

Once upon a time in a certain village, there lived a man named Shim Hakgyu. Because this person was blind, the people called him Blindman Shim. Blindman Shim and his wife wanted to have a baby. And so after praying diligently, they had a beautiful daughter named Cheong. But Shim Cheong's mother got sick and ended up dying not long after her young daughter had been born. In order to raise Shim Cheong, Blindman Shim had to get help from the villagers.

"Please feed my child. My little Cheong is crying with hunger."

"Oh, the poor thing. Give her to me. I'll feed her."

Shim Cheong grew up like this, begging for food from the villagers. And so with a thankful heart, Shim Cheong, who had turned 15, took great care of her father, who had raised her in a difficult environment.

One day, Shim Cheong went to help work at a village feast, but though Blindman Shim waited a long time, Cheong didn't come back. Blindman Shim, who was worried about Cheong, went outside to find her, but fell into a river. A monk who had seen this sight rushed over and saved Blindman Shim.

"Tsk, tsk. If you offered 300 seok of rice to the Buddha, you'd be able to see……"

Hearing that he would be able to see, Blindman Shim promised that he would offer up 300 seok of rice. But when he returned home, Blindman Shim regretted what he had promised, and let out a sigh.

"No matter how much I want to see, where could I get that much rice to have made a promise like that⋯⋯"

Shim Cheong, who had come home, heard Blindman Shim's words and spoke.

"Father, don't worry. Today at the house I went to that held the feast, they said that they wanted to make me their adopted daughter. It's a very rich family, so they'll be able to give you 300 seok."

"That's good that you're going to be a rich family's adopted daughter."

Blindman Shim heard this and his face brightened. Now he could eat the meal Cheong had prepared for him without any worries. But because Shim Cheong had lied to her father, her heart was uneasy. 'Where can I get that much rice?' She thought as she was walking along the road, but then she heard a voice saying, "We're looking to buy a young lady. We're looking to buy a young lady to use as a sacrifice to the Indangsu Sea." Shim Cheong said she would become a sacrifice and asked for 300 seok of rice. The merchants sent the rice to Shim Cheong's house and brought Shim Cheong to their boat. When the boat arrived at the Indang Sea, the waves swelled terribly. Shim Cheong prayed.

"Please let my father be able to see."

And then she closed her eyes tight and jumped off of the boat. And then the rough waves stopped and the sea grew quiet. But a short while later, when Shim Cheong opened her eyes, the Dragon King was looking down at her beneath the sea.

"You're a kind-hearted and filial daughter, so I'll save you."

The Dragon King put Shim Cheong on a huge lotus flower and sent her up above the sea. Just then, a fisherman who was fishing in the sea discovered the huge lotus flower.

"Why is there a flower in the sea? This can't be an ordinary flower."

The fisherman presented the flower to the king. When the king approached the lotus flower, Shim Cheong emerged from inside of it. The king fell in love and got married to Shim Cheong who had come out of the lotus flower. Even after marrying the king, Shim Cheong was worried about her father.

'Can my father see? Is he healthy?'

For the sake of Shim Cheong, who missed her father, the king held a feast for the blind. Shim Cheong saw Blindman Shim, who had come to the feast, and ran to him.

 "Father!"

"How do you mean? My daughter drowned and died in the sea because of me. Sob, sob."

"Father, I'm Cheong. I'm your daughter Cheong."

"What? My daughter Cheong is alive?"

Blindman Shim touched Shim Cheong's face.

"Yes, you really are my daughter Cheong. My daughter, you were safe and alive. Cheong. Sob, sob."

Blindman Shim and Shim Cheong hugged each other and cried. But then at that moment, Blindman Shim became able to see.

"I can see. I see my daughter's face."

It's said that afterwards, Shim Cheong took care of her father and lived happily ever after.

🔤 Vocabulary

봉사	blindman	양녀	adopted daughter
앓다	to be sick	표정	expression, face
젖	breast, milk (for a baby)	안심하다	to be relieved
얻어먹다	to beg (for food)	제물	sacrifice, offering
환경	environment	상인	merchant
스님	monk	파도	wave
달려오다	to rush to	거칠다	to be rough
*공양미 300석	300 seok (an old unit of measurement equal to 180 L) of rice (as an offering)	연꽃	lotus flower
		어부	fisherman
시주하다	to offer (to a temple or a monk)	바치다	to present (to someone)
		무사히	safely

📝 Check the Contents!

❶ 심청은 아버지의 눈을 뜨게 하기 위해서 무엇을 했습니까?
  What did Shim Cheong do so that her father would be able to see?

❷ 용왕은 왜 심청을 살려 주었습니까?
  Why did the Dragon King save Shim Cheong?

＊쌀 가마니(한 가마니 = 0.5석)

46. 옹고집 이야기

 옛날 어느 마을에 옹고집이라는 사람이 살았습니다. 옹고집은 마음씨 나쁘기로 소문이 난 사람이었습니다. 어느 날 한 스님이 옹고집의 집 앞에 찾아왔습니다. 그러자 노인이 나와서 작은 소리로 말했습니다.

"아이고 스님, 이 집이 누구 집인지 모르십니까? 여기에 계시면 험한 일을 당할 수 있습니다. 어서 가십시오."

그러자 스님은 옹고집에게 죄를 씻을 기회를 주러 왔다고 큰 소리로 말했습니다. 그 말을 듣고 화가 난 옹고집은 아랫사람들을 시켜서 스님을 때린 후 집에서 내쫓았습니다.

스님은 옹고집을 혼내 주어야겠다고 마음먹었습니다. 옹고집의 집 앞에서 지푸라기로 인형을 만들었습니다. 그러고는 '후'하고 입으로 바람을 부니까 인형이 옹고집으로 변했습니다. 가짜 옹고집은 생김새며 말투며 행동 하나하나까지 모두 옹고집과 똑같았습니다. 가짜 옹고집이 집으로 들어가서 말했습니다.

"주인이 왔는데 인사도 안 하고 뭐 하는 거냐?"

그 말을 들은 진짜 옹고집이 방문을 열고 밖을 내다보았습니다. 가짜 옹고집은 진짜 옹고집을 보자 얼굴을 찡그리며 말했습니다.

"넌 누군데 내 방에 있는 것이냐?"

"뭐야? 난 옹고집이다. 너야말로 누구냐?"

방 안에 있던 진짜 옹고집이 방에서 뛰어나와 두 옹고집은 서로 자기가 진짜라고 싸웠습니다. 시끄러운 소리에 가족들이 모두 밖으로 나왔습니다. 진짜 옹고집이 가족들을 보고 말했습니다.

"여보, 내가 진짜야. 봐 봐."

그러자 가짜가 말했습니다.

"아니, 이놈이 누구한테 여보라고 하는 거야? 이놈들아, 이 가짜 옹고집을 당장 쫓아내라!"

두 옹고집은 생김새며 말투며 행동 하나하나까지 모두 똑같아서 가족들도 누가 누군지 알 수가 없었습니다. 결국 두 옹고집은 가족들과 함께 마을 원님을 찾아갔습니다. 하지만 원님도 아무리 봐도 누가 진짜 옹고집인지 알 수 없었습니다. 원님은 잠시 생각한 후 물었습니다.

"진짜 옹고집이라면 자기 집안에 대해 잘 알겠지. 조상님의 이름을 말해 보아라."

진짜 옹고집은 아버지와 할아버지의 이름밖에 말할 수 없었습니다. 하지만 가짜 옹고집은 그 위 조상님들의 이름을 모두 말했습니다. 원님은 가짜 옹고집이 대답을 더 잘했기 때문에 진짜 옹고집이 가짜가 아닐까 하는 의심이 생겼습니다. 하지만 원님은 더 명확하게 하기 위해 하나를 더 물었습니다.

"그럼, 이제 재산의 목록을 말해 보아라."

진짜 옹고집은 게을러서 자신의 집에 대해 잘 알지 못했습니다. 그래서 머뭇거리기만 할 뿐 제대로 대답을 못했습니다. 하지만 가짜 옹고집은 개가 몇 마리이고 소가 몇 마리 있는지 모두 알고 있었고 심지어 밥그릇의 수까지 빠짐없이 말했습니다. 원님은 옹고집의 아내에게 그 대답이 맞는지 물었습니다. 옹고집의 아내가 가짜 옹고집을 가리키며 말했습니다.

"이쪽이 말한 대답이 틀림없습니다."

그러자 원님이 진짜 옹고집을 가리키며 말했습니다.

"여봐라, 이 가짜 놈을 매우 쳐라."

진짜 옹고집은 너무 억울하고 황당했습니다. 아무리 자신이 진짜라고 말해도 아무도 그 말을 믿어 주지 않았습니다. 진짜 옹고집이 매를 맞는 동안 가짜 옹고집은 가족들과 함께 옹고집의 집으로 돌아갔습니다. 진짜 옹고집은 매를 맞고 마을에서 쫓겨났습니다.

진짜 옹고집은 갈 곳이 없었습니다. 그래서 이집 저집 다니며 밥을 얻어 먹어야 했습니다. 진짜 옹고집은 그제야 자신의 잘못을 깨달았습니다. 그리고 지난날을 후회하며 울었습니다. 그때 한 스님이 나타나 이제 집으로 돌아가면 모든 일이 해결될 것이라고 했습니다. 그래서 진짜 옹고집은 집으로 달려갔습니다. 진짜 옹고집이 집으로 들어가자 가짜 옹고집은 인형으로 변했습니다. 옹고집은 그 후 착한 사람이 되어 가난하고 불쌍한 사람들을 도우며 살았다고 합니다.

The Story of Onggojip

Once upon a time in a certain village, there lived a person called Onggojip. Onggojip was a person who was rumored to be mean-spirited. One day, a monk came up to Onggojip's house. And then an old man came out and spoke quietly.

"Oh no, sir monk, do you not know whose house this is? If you stay here, something harsh might happen to you. Please leave quickly."

And then the monk said loudly that he had come to give Onggojip a chance to wash away his sins. The angry Onggojip, who heard this, ordered his subordinates, and so they beat the monk and then chased him out of the house.

The monk made up his mind to punish Onggojip. He made a doll out of straw in front of Onggojip's house. And then when he blew on it with a "huff," the doll turned into Onggojip. The fake Onggojip's appearance, speech, and every action were exactly the same as Onggojip's. The fake Onggojip went into the house and spoke.

"What are you doing that your master has arrived and you don't even greet him?"

Hearing this, the real Onggojip opened the door to his room and looked out. When the fake Onggojip saw the real Onggojip, he said with a grimace,

"Who are you to be in my room?"

"What? I'm Onggojip. Who on earth are you?"

The real Onggojip, who had been in his room, ran out, and the two Onggojips fought, each saying that they were the real one. At this loud noise, all of the family came out. The real Onggojip looked at his family and spoke.

"Darling. I'm the real one. Look at me."

And then the fake spoke.

"Who are you calling 'darling,' you scoundrel? You fools! Kick this fake Onggojip out of here right now!"

Because the appearance, speech, and every action of the two Onggojips were the same, even his family members couldn't tell who was whom. In the end, the two Onggojips and the family went to see the town magistrate. But no matter how hard he looked, even the magistrate couldn't tell who was the real Onggojip. The magistrate thought for a moment and then asked,

"If you're the real Onggojip, you should know your family well. Tell me the names of your ancestors."

The real Onggojip could only say the names of his father and grandfather. But the fake Onggojip said the names of all of the ancestors on top of those. Because the fake Onggojip answered better, the magistrate suspected that the real Onggojip might be the fake. But in order to make things more clear, he asked one more question.

"All right, now tell me the list of all your property."

The real Onggojip was lazy and didn't know much about his own home. And so he could only hesitate and couldn't answer properly. But the fake Onggojip knew exactly how many dogs and how many cows he had, and even told the magistrate the number of rice bowls he owned, without missing one. The magistrate asked Onggojip's wife if this answer was correct. Onggojip's wife pointed to the fake Onggojip and spoke.

"This one's answer is correct, to be sure."

And then the magistrate pointed to the real Onggojip and said,

"Hey there, beat this fake scoundrel terribly."

The real Onggojip felt that this was very unfair and absurd. No matter how much he said that he was the real one, nobody believed him. While the real

Onggojip was being beaten, the fake Onggojip went back to his house with his family. The real Onggojip was beaten and kicked out of the village.

The real Onggojip had nowhere to go. And so he had to go from this house to that, begging for food. At last, the real Onggojip recognized his misdeeds. And then he cried, regretting the past. Just then, a monk appeared and told him that if he went home now, everything would be resolved. And so the real Onggojip rushed home. When the real Onggojip went into his house, the fake Onggojip had turned into a doll. It's said that, after that, Onggojip became a kind person and lived helping poor and pitiable people.

Vocabulary

험하다	to be harsh	뛰어나오다	to run out
당하다	to happen, to undergo	의심	suspicion, doubt
내쫓다	to kick out	명확하다	to be certain
마음먹다	to decide, to make up one's mind	제대로	properly
		심지어	even
지푸라기	straw	빠짐없이	without exception, without missing even one
인형	doll		
생김새	appearance	틀림없다	to be sure
말투	speech	깨닫다	to realize
찡그리다	to grimace	지난날	the past

Check the Contents!

❶ 스님은 마음씨 고약한 옹고집을 혼내 주기 위해 무엇을 했습니까?
What did the monk do in order to punish the mean-spirited Onggojip?

❷ 원님은 누가 진짜 옹고집인지 알기 위해 어떤 질문을 했습니까?
What kind of questions did the magistrate ask in order to know who was the real Onggojip?

47. 흥부와 놀부

옛날에 욕심 많은 형 놀부와 착한 동생 흥부가 살았습니다. 유난히 추운 어느 겨울날, 형제의 부모님이 돌아가셨습니다. 욕심 많은 형 놀부는 부모님의 유산을 모두 갖고 싶었습니다. 그래서 동생을 불렀습니다.

"흥부야, 이 집은 이제부터 내 집이니까 너는 내 집에서 나가 줘야겠다."

"아이고 형님, 이 추운 겨울에 어디로 가라고 하십니까?"

"그건 모르겠고, 아무튼 내 집에서 당장 나가."

놀부는 돈 한 푼도 주지 않고 흥부의 가족을 냉정하게 쫓아냈습니다. 흥부는 산속의 어느 낡은 집에서 열심히 일하며 살았지만 굶는 날이 더 많았습니다.

"아버지, 배고파요."

흥부는 아이들이 굶는 것을 보고 놀부를 찾아갔습니다.

"형님, 쌀 좀 꿔 주세요. 애들이 굶고 있습니다. 꼭 갚을게요."

"쌀이라니? 네가 굶든 말든 너한테 줄 쌀은 없다. 당장 내 집에서 나가!"

놀부는 흥부를 쫓아냈습니다. 흥부는 그대로 집으로 돌아오고 말았습니다. 힘들었던 겨울이 가고 따뜻한 봄이 왔습니다. 어느 날 지붕 밑 제비 둥지에서 시끄러운 소리가 났습니다. 흥부가 올려다보니 뱀이 새끼 제비를 잡아먹으려 하고 있었습니다. 흥부는 재빨리 나뭇가지로 뱀을 쫓았습니다.

"훠이, 저리 가라. 저리 가."

그런데 제비 한 마리가 땅에 떨어지면서 다리가 부러지고 말았습니다. 흥부는 땅에 떨어진 제비를 조심스럽게 들어올려서 제비의 다리를 정성을 다해 고쳐 주었습니다. 가을이 되자 제비는 따뜻한 남쪽으로 날아갔습니다. 겨울이

지나고 다시 봄이 왔습니다. 다리가 부러졌던 제비가 다시 날아와 흥부네 마당에 박씨 하나를 떨어뜨렸습니다. 흥부는 박씨를 주워 땅에 심었습니다. 박씨는 금방 뿌리를 내리고 잘 자랐습니다. 흥부의 집 지붕에는 금방 크고 둥근 박이 세 개 열렸습니다.

"배고픈데 박으로 죽이라도 끓여 먹자."

흥부는 첫 번째 박을 자르기 시작했습니다. 그러자 박이 갈라지면서 쌀이 우르르 쏟아져 나왔습니다. 두 번째 박에서는 값비싼 비단과 보물이 쏟아져 나왔고, 세 번째 박에서는 수많은 사람들이 나와 기와집을 지어 놓았습니다. 이렇게 해서 흥부는 큰 부자가 되었습니다. 흥부의 소식을 들은 놀부는 흥부를 찾아와 큰 소리로 말했습니다.

"어떻게 해서 부자가 되었느냐. 도둑질이라도 한 것이냐? 사실대로 말해."

흥부는 제비가 준 박씨 덕분이라고 말했습니다. 놀부는 흥부와 똑같은 방법으로 부자가 되어야겠다고 생각했습니다. 집에 돌아온 놀부는 지붕 밑 제비 둥지에서 제비가 떨어지기를 기다렸습니다. 아무리 기다려도 제비가 떨어지지 않자 마음이 급해진 놀부는 제비 한 마리를 잡아다가 다리를 부러뜨렸습니다.

"아이, 불쌍해라. 내가 고쳐 줄 테니까 내년 봄에 박씨를 꼭 갖고 와라."

이렇게 말하고는 다리를 고쳐 주었습니다. 가을이 되자, 제비는 남쪽으로 날아갔습니다. 겨울이 지나 봄이 왔습니다. 제비가 놀부의 집으로 돌아왔습니다. 제비는 씨앗 하나를 놀부네 마당에 떨어뜨렸습니다.

"옳지, 드디어 왔구나. 이제 나도 부자가 될 수 있어."

놀부는 기뻐하며 박씨를 심었습니다. 박씨는 잘 자라 크고 둥근 박이 세 개 열렸습니다. 놀부는 박을 자르기 시작했습니다. 그러자 박에서 수없이 많은 거지들이 나와 놀부네 쌀과 돈을 모두 가져갔습니다. 놀부는 두 번째 박도 잘랐습니다. 이번에는 도깨비가 나타나 욕심 많은 놀부를 마구 때리고 집을 부수었습니다. 놀부는 세 번째 박에는 금덩이가 있을 거라고 기대했지만 박을 자르자 똥물이 계속 쏟아져 나와 집이 엉망이 되어 버렸습니다. 놀부는 속상해서 울었습니다.

"나는 이제 망했구나. 망했어. 흑흑."

이 소식을 들은 흥부는 형님에게 달려와 자기 집에서 같이 살자고 말했습니다. 놀부는 자신의 잘못을 깨닫고 흥부와 함께 행복하게 살았답니다.

Heungbu and Nolbu

Once upon a time, there lived a greedy older brother named Nolbu and a kind younger brother named Heungbu. On an especially cold winter day, the brothers' parents passed away. The greedy older brother Nolbu wanted to take all of their parents' inheritance. And so he called for his younger brother.

"Heungbu, this house is mine now, so you'll have to leave my house."

"Goodness, Elder Brother, where do you want me to go in this cold winter?"

"I don't know, but at any rate, this is my house, so leave right now."

Nolbu coldly kicked out Heungbu's family without giving them a single cent. Heungbu lived in a shabby house in the mountains and worked hard, but there were more days when he had nothing to eat.

"Father, I'm hungry."

Heungbu saw that his children were starving and went to see Nolbu.

"Elder Brother, please lend me some rice. The children are starving. I'll definitely repay you."

"Rice, you say? Whether you starve or not, I have no rice to give you. Get out of my house right now!"

Nolbu kicked Heungbu out. Heungbu ended up returning home like that. The difficult winter went by and the warm spring came. One day, a loud noise was coming from a swallow's nest under the roof. Looking up, Heungbu saw that a snake was going to eat a baby swallow. Heungbu quickly chased the snake away with a branch.

"Shoo, go away. Go away."

But a swallow ended up falling to the ground and breaking its leg. Heungbu gently picked up the swallow that had fallen on the ground and fixed its leg with great care. When it became autumn, the swallow flew away toward the warm south. Winter passed and spring came again. The swallow that had broken its leg flew back and dropped a gourd seed into Heungbu's yard. Heungbu picked up the gourd seed and planted it in the ground. The gourd seed quickly took root and grew well. Three large, round gourds quickly grew on the roof of Heungbu's house.

"I'm hungry, so let's use a gourd to cook some porridge to eat."

Heungbu started to cut the first gourd. And then as the gourd split open, a torrent of rice came pouring out. Expensive silk and treasures poured out of the second gourd, and out of the third gourd came countless people who put up a house with a tiled roof. In this way, Heungbu became a very rich man. Nolbu, who heard the news of Heungbu, went to see Heungbu and spoke in a loud voice.

"What did you do to become rich? Did you steal? Speak truthfully."

Heungbu said that it was thanks to the gourd seed that the swallow had given him. Nolbu thought that he should become rich in the same way as Heungbu. When he returned home, Nolbu waited for a swallow to fall out of the swallow's nest under the roof. When no swallow fell out no matter how he waited, Nolbu, who had grown impatient, captured a swallow and then broke its leg.

"Oh, poor thing. I'll fix it for you, so be sure to bring me a gourd seed next spring."

He said this and then fixed its leg. When autumn came, the swallow flew away south. Winter passed and spring came. The swallow came back to Nolbu's house. The swallow dropped a seed into Nolbu's yard.

"That's right, you came at last. Now I can become rich too."

Nolbu happily planted the gourd seed. The gourd seed grew well, and three large, round gourds grew. Nolbu started to cut a gourd. And then out of the gourd came countless beggars who took all of Nolbu's rice and money. Nolbu cut the second gourd as well. This time, a dokkaebi appeared and hit the greedy Nolbu wildly, and tore down his house. Nolbu expected that a nugget of gold would be inside of the third gourd, but when he cut the gourd, waste water poured out of it continuously and his house was wrecked. Nolbu was upset and cried.

"Now I'm ruined. Ruined. Sob, sob."

Heungbu, who heard this news, rushed to his older brother and said they should live together. Nolbu realized his wrongdoing and lived happily ever after with Heungbu.

 **Vocabulary**

유난히	particularly, especially	박씨	gourd seed
유산	inheritance	뿌리	root
아무튼	anyway	갈라지다	to split open
(돈을) 꾸다	to borrow (money)	수많다	to be countless
제비	swallow (bird)	기와집	tiled-roof house
올려다보다	to look up	부러뜨리다	to break
나뭇가지	tree branch	마구	severely
부러지다	to break (to be broken)	똥물	waste water
남쪽	south	엉망	mess, wreck
날아오다	to fly over	망하다	to fall into ruin

Check the Contents!

❶ 제비는 흥부에게 어떻게 은혜를 갚았습니까?

How did the swallow repay Heungbu's favor?

❷ 놀부는 부자가 되고 싶어서 어떻게 했습니까?

What did Nolbu do because he wanted to become rich?

48. 바리공주

 옛날 어느 나라에 오구대왕이라는 임금님이 있었습니다. 오구대왕은 길대라는 여자를 사랑해서 결혼하고 싶었습니다. 그래서 결혼하면 잘 살 수 있을지 점쳤는데 올해 결혼하면 아들을 못 낳을 것이므로 내년에 결혼을 해야 한다는 결과가 나왔습니다. 하지만 오구대왕은 빨리 결혼하고 싶어서 내년까지 기다릴 수 없었습니다. 그래서 서둘러 결혼했습니다. 결혼 후 길대 부인은 딸을 낳았습니다. 왕은 딸을 잘 키웠습니다. 그다음 아이도 딸이었습니다. 셋째, 넷째, 다섯째, 여섯째도 모두 딸이었습니다. 그리고 다시 아이를 낳았는데 일곱째도 딸이 태어났습니다. 아들을 갖고 싶었던 오구대왕은 크게 화를 내며 말했습니다.

"딸이라는 말은 이제 듣기도 싫구나. 당장 이 아이를 내버려라."

길대 부인은 딸을 버릴 수가 없었습니다. 그래서 왕에게 울면서 매달렸습니다.

"어떻게 우리 아이를 버릴 수가 있습니까? 흑흑."

하지만 오구대왕은 길대 부인의 손을 뿌리쳤습니다.

"딸은 이제 지겹습니다. 저 아이는 보기 싫으니 당장 버리세요."

길대 부인은 아이에게 버려진 아이라는 뜻으로 바리데기라는 이름을 지어 주었습니다. 그리고 이름을 쓴 종이와 함께 바리데기를 상자에 담아 강에 버렸습니다. 상자는 까마귀와 거북이가 도와준 덕분에 가라앉지 않고 강을 따라 흘러 내려갔습니다. 그때 한 노부부가 그곳을 지나다가 상자를 발견하고 물에서 건졌습니다.

"상자 안에 아기가 있어요."

"아이고 불쌍해라. 이렇게 만난 것도 인연일 테니 우리가 키웁시다."

노부부는 바리데기를 사랑과 정성으로 키웠습니다. 바리데기가 15살이 되었을 때 오구대왕과 길대 부인은 나쁜 병에 걸렸습니다. 좋은 약을 다 구해서 먹어 보아도 병을 고칠 수 없었습니다. 어느 날 오구대왕의 꿈에 하늘에서 내려온 아이가 나타나 말했습니다.

"오구대왕님은 아기를 버렸기 때문에 벌을 받아서 병에 걸린 것입니다. 그 병은 버려진 아기가 구해 오는 불사약으로만 고칠 수 있습니다."

오구대왕은 아랫사람을 시켜서 바리데기를 찾아오라고 했습니다. 하지만 바리데기가 어디에 있는지 알 수 없었습니다.

"아, 도대체 바리 공주님은 어디에 있을까?"

그런데 나무와 꽃들이 마치 바리데기가 있는 곳을 알려 주려는 것처럼 한쪽으로 누웠습니다. 그리고 새와 동물들이 바리데기가 있는 곳으로 안내해 주었습니다. 바리데기는 왕의 아랫사람으로부터 부모님이 죽을병에 걸렸다는 이야기를 듣고 부모님을 만나러 갔습니다.

"애야, 너를 버려서 미안하구나. 그런데 우리는 네가 구해 주는 불사약을 먹어야만 살 수 있다는구나. 우리를 위해 약을 구해 줄 수 있겠니?"

바리데기는 약을 구해 오겠다고 다짐했습니다. 그리고 불사약을 구하기 위해 길을 떠났습니다. 험한 산과 깊은 강을 지나 걷고 또 걸었습니다. 바리데기는 불사약이 있는 저승에 점점 가까워졌습니다. 저승이 가까워지자 길을 잃고 헤매는 불쌍한 영혼들이 보였습니다. 바리데기는 그 영혼들을 그냥 지나칠 수 없었습니다. 그래서 그들을 위해 기도를 해 주었습니다. 그리고 드디어 불사약이 있는 곳에 도착했습니다. 그때 그곳을 지키는 몸이 거대한 총각이 다가와 무섭게 말했습니다.

"여기는 살아 있는 사람이 올 수 있는 곳이 아니다."

"저는 부모님을 위해 불사약을 구하러 왔습니다."

"불사약을 구하려면 9년 동안 물을 긷고, 나무하고, 밥을 하면서 나와 함께 살아야 한다."

그렇게 9년간 열심히 일 한 바리데기는 불사약과 신비한 꽃 세 송이를 가지고 부모님이 계신 곳으로 갔습니다. 그런데 이미 부모님은 돌아가신 후였습니다. 바리데기는 돌아가신 부모님의 몸에 신비한 꽃을 비비고 부모님의 입에 불사약을 넣었습니다. 그러자 오구대왕과 길대 부인이 되살아났습니다. 오구대왕과 길대 부인은 자신들의 잘못을 깨달았습니다. 오구대왕은 바리데기에게 고마워하면서 나라의 반과 자신이 가진 재산의 반을 주겠다고 했습니다. 하지만 바리데기는 공손히 거절했습니다. 저승에서 길을 잃고 헤매는 영혼들이 생각났기 때문입니다. 그래서 바리데기는 이승과 저승을 오가며 죽은 사람의 영혼을 도와주는 신이 되었습니다.

Princess Bari

Once upon a time in a certain land, there was a king called King Ogu. King Ogu was in love with a woman called Gildae and wanted to marry her. And so he had his fortune told to see if he could live happily if he got married, but the results said that if he married this year, he wouldn't have a son, and so he should marry the following year. But King Ogu wanted to get married quickly and couldn't wait until the following year. And so he married in haste. After the marriage, Lady Gildae gave birth to a daughter. The king raised his daughter well. The next child was a daughter as well. And the third, fourth, fifth, and sixth were all daughters. And so they had another child, but the seventh was also born a daughter. King Ogu, who had wanted a son, was very angry and spoke.

"I don't even want to hear the word 'daughter.' Get rid of this child immediately."

Lady Gildae could not abandon her daughter. And so she cried and clung to the king.

"How could you abandon our child? Sob, sob."

But King Ogu shook Lady Gildae off.

"I'm tired of daughters now. I don't want to see this child, so get rid of her immediately."

Lady Gildae gave the child the name "Baridegi," with the meaning of "abandoned child." And then she put Baridegi and a piece of paper on which she had written her name into a box and threw the box into the river. Thanks to the help of crows and turtles, the box didn't sink and was carried away along the river. Then an old couple were passing by when they found the box and scooped it out of the water.

"There's a baby inside of the box."

"Oh, the poor thing. It must be fate that we met like this, so let's raise it."

The old couple raised Baridegi with love and sincerity. When Baridegi turned 15, King Ogu and Lady Gildae caught a bad illness. Although they bought and took all the best medicine, their illness could not be cured. One day, in King Ogu's dream, a child came down from the heavens and spoke.

"King Ogu, you caught this illness as punishment because you abandoned your baby. The illness can only be cured with an elixir of life brought to you by your abandoned child."

King Ogu ordered his subordinates to find Baridegi and bring her to him. But they couldn't find out where Baridegi was.

"Oh, where on earth could Princess Bari be?"

But then the trees and flowers all tilted to one side, as if to show where Baridegi was. And then the birds and the animals led the way to Baridegi. Baridegi heard from King's subordinates that her parents had caught a deadly illness and went to meet them.

"Child, I'm sorry for abandoning you. But they say that we can only live if we take an elixir of life that you bring to us. Can you get that medicine for us?"

Baridegi promised that she would get the medicine. And then she left on her way to get the elixir of life. She walked and walked, passing over rough mountains and deep rivers. Baridegi got closer and closer to the underworld, where the elixir of life was. When she was close to the underworld, she saw pitiful wandering souls that had lost their way. Princess Bari couldn't simply pass those souls by. And so she prayed for their sake. And then at last, she arrived at the place where the elixir of life was. Then a young man with an enormous body who was protecting that place approached her and spoke in a frightening way.

"This is not a place that living people can come to."

"I came to get the elixir of life for my parents."

"If you want to get the elixir of life, you'll have to live with me for 9 years, drawing water, gathering firewood, and cooking."

Baridegi, who worked hard like this for 9 years, got the elixir of life and three mystical flowers, and went to the place where her parents were. But this was after her parents had already passed away. Baridegi rubbed the mystical flowers on her dead parents' bodies and put the elixir of life in their mouths. And then King Ogu and Lady Gildae came back to life. King Ogu and Lady Gildae recognized their wrongdoing. As King Ogu thanked Baridegi, he told her he would give her half of the country and half of his fortune. But Baridegi politely refused. This was because she thought of the wandering souls that had lost their way in the underworld. And so Baridegi became a god travels back and forth between this world to the underworld and helps the souls of the dead.

A-Z Vocabulary

점치다	to tell one's fortune	영혼	soul
내버리다	to get rid of, to throw away	지나치다	to pass by
매달리다	to hang, to cling to	거대하다	to be enormous
뿌리치다	to shake off, to refuse	(물을) 긷다	to draw (water)
지겹다	to be tired of	꽃 세 송이	three flowers
상자	box	되살아나다	to come back to life
건지다	to scoop (out of water), to fish out of water	고마워하다	to thank
인연	destiny, match	공손하다	to be polite
다짐하다	to promise	이승	this world, the world of the living
저승	the underworld, the afterlife		

Check the Contents!

❶ 바리데기는 왕의 몇 번째 딸입니까?

What number daughter of the king was Baridegi?

❷ 왕이 살기 위해서는 어떻게 해야 합니까?

What has to be done in order for the king to live?

49. 콩쥐 팥쥐

 옛날에 어느 마을에 사이좋은 부부가 있었습니다. 이 부부에게는 콩쥐라는 마음씨 착한 딸이 있었습니다. 그런데 어느 날 콩쥐의 어머니가 큰 병에 걸려 죽고 말았습니다. 몇 년 후 콩쥐의 아빠는 다시 결혼을 했고 새어머니는 팥쥐라는 딸을 데려왔습니다. 콩쥐는 어머니도 생기고 동생도 생겨서 기뻤습니다. 그런데 새어머니는 콩쥐를 예뻐하지 않고 팥쥐만 예뻐했습니다. 아버지가 있을 때는 콩쥐를 예뻐하는 척했지만, 아버지가 없을 때는 콩쥐에게만 힘든 일을 시켰습니다. 콩쥐는 아버지가 걱정하실까 봐 사실을 말하지 못했습니다. 그렇게 시간이 지나고 콩쥐의 아버지도 병으로 갑자기 죽고 말았습니다. 그 후로 새어머니의 구박은 더 심해졌습니다.

그러던 어느 날 마을에서 잔치가 열렸습니다. 새어머니와 팥쥐는 예쁜 옷을 입고 잔치에 갈 준비를 했습니다. 콩쥐도 가고 싶다고 새어머니에게 말했습니다.

"집에 할 일이 얼마나 많은데 잔치에 가려고 그러니? 잔치에 가고 싶으면 물 길어서 저 항아리에 다 채우고, 곡식 다 빻고, 밭도 다 갈고 와야 한다."

새어머니는 이렇게 말하고는 팥쥐만 데리고 잔치에 갔습니다. 콩쥐가 잔치에 가려면 빨리 일을 해야 했습니다. 먼저 물을 길어다가 항아리에 부었는데 자꾸만 물이 새어 나왔습니다. 이상해서 항아리 안을 들여다보니 바닥에 구멍이 뚫려 있었습니다.

"아, 이래서 물이 채워지지 않았구나. 이제 어떻게 하지?"

그때 두꺼비가 와서 말했습니다.

"콩쥐 아가씨, 제가 구멍을 막아 줄게요. 항아리에 물을 다시 채우세요."

두꺼비가 도와주어서 콩쥐는 항아리에 물을 다 채웠습니다. 콩쥐는 두꺼비에게 고맙다고 인사를 했습니다. 이제 곡식을 빻아야 하는데 새들이 날아와 말했습니다.

"콩쥐 아가씨 우리가 곡식을 다 빻아 줄게요."

밭을 가는 것은 소가 와서 도와주었습니다. 동물들의 도움으로 일을 모두 끝낸 콩쥐가 잔치에 가려고 하는데 입고 갈 예쁜 옷이 없었습니다. 아버지가 돌아가신 후로 새어머니는 콩쥐에게 새 옷을 사 주지 않았기 때문입니다.

'아, 이런 옷을 입고 갈 수는 없잖아. 어머니. 흑흑흑.'

콩쥐는 어머니가 생각이 나서 울었습니다. 그때 선녀가 나타났습니다.

"콩쥐야, 이 옷과 꽃신을 줄 테니 울지 말고 잔치에 다녀오렴."

선녀는 콩쥐에게 예쁜 옷과 꽃신을 주었습니다. 콩쥐는 선녀가 준 예쁜 옷을 입고 서둘러 잔치를 하는 곳으로 뛰어갔습니다. 그러다가 실수로 꽃신을 강물에 빠뜨렸습니다.

"어머, 내 꽃신."

콩쥐는 물에 떠내려가는 꽃신을 보고 잠시 망설였습니다. 하지만 잔치에 늦어서 꽃신을 줍지 못하고 뛰어갔습니다. 멀리서 그 모습을 본 원님이 콩쥐에게 반했습니다. 원님은 신하들에게 말했습니다.

"어서 저 꽃신을 가져와라."

신하들은 강물에 흘러가는 꽃신을 가져와 원님에게 바쳤습니다. 원님은 콩쥐의 꽃신을 보고 말했습니다.

"참 예쁜 꽃신이구나. 이 꽃신의 주인을 꼭 만나야겠다. 어서 꽃신을 가지고 가서 주인을 찾아오도록 해라."

신하들은 마을에 있는 모든 집을 돌아다니며 꽃신의 주인을 찾아다녔습니다. 마을의 모든 아가씨들이 꽃신을 신어 봤지만 그 꽃신이 맞는 사람은 아무도 없었습니다. 그리고 드디어 콩쥐의 집에도 신하들이 찾아왔습니다. 팥쥐가 먼저 꽃신을 신어 보았습니다. 그런데 꽃신이 작아서 좀처럼 발이 들어가지 않았습니다. 팥쥐는 억지로 발을 넣으려고 했습니다. 그때 부엌에서 일하던 콩쥐가 나왔습니다. 신하는 콩쥐에게도 꽃신을 신어 보라고 했습니다. 콩쥐가 꽃신을 신어 보았는데 꽃신이 콩쥐의 발에 꼭 맞았습니다. 콩쥐는 나머지 꽃신도 나란히 놓고 함께 신었습니다.

"드디어 꽃신의 주인을 찾았다."

신하들은 콩쥐와 함께 원님에게 갔고 원님은 콩쥐와 결혼해서 행복하게 살았습니다.

Kongjwi and Patjwi

Once upon a time in a certain village, there was a couple who got along well. The couple had a kind-hearted daughter named Kongjwi. But one day, Kongjwi's mother got very sick and ended up dying. A few years later, Kongjwi's father got married again and the step-mother brought with her a daughter named Patjwi. Kongjwi was happy to have a mother and a younger sister. But her step-mother didn't care for Kongjwi and only cared for Patjwi. When the father was there, she would pretend to care for Kongjwi, but when he was not, she would order only Kongjwi to do hard work. Kongjwi thought that her father might worry, so she didn't tell him the truth. Time passed in this way, and Kongjwi's father also got sick and ended up dying suddenly. After this, the step-mother's ill-treatment of Kongjwi became more severe.

And then one day, a feast was held in the village. The step-mother and Patjwi got dressed in pretty clothes and prepared to go to the feast. Kongjwi said that she wanted to go too.

"You have so many things to do at home, how can you go to the feast? If you want to go to the feast, you have to fill up that jar with water, grind all of the grain, and plow the fields before you come."

The step-mother said this, and then took Patjwi and went to the feast. Kongjwi had to work fast if she wanted to go to the feast. First, she poured water into the jar, but it leaked out again and again. She thought this was strange, so she looked inside of the jar and saw that a hole had been made in the bottom.

"Ah, so this is why it wasn't filling up with water. What do I do now?"

Just then, a toad came up and spoke.

"Miss Kongjwi, I'll block the hole for you. Fill the jar with water again, please."

The toad helped, and Kongjwi filled the jar with water. Kongjwi thanked the toad. Now she had to grind the grain, but some birds flew over to her and spoke.

"Miss Kongjwi, we'll grind all the grain for you."

A cow helped her to plow the fields. With the animals' help, Kongjwi, who had finished all of her work, was going to go to the party, but she had no pretty clothes to wear. This was because after her father had passed away, her step-mother hadn't bought her any new clothes.

'Oh, I can't go wearing this. Mother. Sob, sob.'

Kongjwi thought of her mother and cried. And then a fairy appeared.

"Kongjwi, I'll give you these clothes and these flower shoes, so don't cry, and go now to the feast."

The fairy gave Kongjwi pretty clothes and shoes decorated with flowers. Kongjwi put on the pretty clothes that the fairy gave her and ran to where the feast was in a rush. But by accident, she dropped one of her shoes in the river.

"Oh no, my flower shoe."

Kongjwi watched her shoe be washed away by the water and hesitated for a moment. However, she was late for the feast so she couldn't pick up her shoe, and ran off. The magistrate, who saw this sight from a distance, fell in love with Kongjwi. The magistrate spoke to his retainers.

"Hurry and bring me that flower shoe."

The retainers brought the shoe that was floating away in the river and presented it to the magistrate. The magistrate, who saw Kongjwi's flower shoe, said this.

"This truly is a pretty shoe. I have to meet the owner of this shoe. Quickly take the shoe and find the owner and bring her to me."

The retainers went around to every house in the village looking for the owner of the flower shoe. All of the young women in the village tried the shoe on, but there was nobody who fit the shoe. And then at last, the retainers came to Kongjwi's house. Patjwi tried on the shoe first. But the shoe was too small and her foot barely went inside of it. Patwji tried to force her foot into the shoe. Just then, Kongjwi, who had been working in the kitchen, came out. The retainers told Kongjwi to try on the shoe as well. She tried it on and it fit her foot perfectly. Kongjwi put the other shoe alongside it, and then put it on as well.

"Finally, we've found the owner of the flower shoe."

The retainers went with Kongjwi to the magistrate, and the magistrate and Kongjwi were married and lived happily ever after.

Vocabulary

새어머니	step-mother	선녀	(Taoist) fairy
채우다	to fill	꽃신	flower shoe (a shoe decorated with flowers)
곡식	grain		
빻다	to grind, to crush	망설이다	to hesitate
(밭을) 갈다	to plow (the fields)	신하	retainer, vassal
붓다	to pour	흘러가다	to float away, to flow away
(물이) 새다	(for water) to leak	찾아다니다	to look for
이래서	this is why, because of this	좀처럼	barely
자꾸만	again and again	억지로	by force
두꺼비	toad	나란히	alongside

Check the Contents!

❶ 콩쥐는 새어머니의 구박을 받았는데 왜 아버지에게 말하지 않았습니까?
Why didn't Kongjwi tell her father that her step-mother was mistreating her?

❷ 선녀가 콩쥐에게 준 것은 무엇입니까?
What did the fairy give to Kongjwi?

50. 오늘이

태어날 때부터 학이 보살펴 준 여자아이가 있었습니다. 부모가 누구인지, 언제 태어났는지, 이름이 무엇인지도 몰랐습니다. 사람들은 그 아이를 보고 오늘이라고 불렀습니다. 어느 날, 오늘이는 부모님이 보고 싶었습니다. 그래서 가장 지혜롭다는 백씨 부인을 찾아가서 물었습니다.

"부모님이 보고 싶습니다. 제 부모님은 어디에 계시나요?"

부인은 오늘이의 부모님이 아주 먼 하늘나라 원천강에 계시는데 거기까지 가는 길은 남쪽 흰 모래 마을에서 글 읽는 도령을 찾아가 물어보라고 했습니다.

오늘이는 걷고 또 걸어 글 읽는 도령을 만나 원천강에 가는 길을 물었습니다. 도령은 서쪽 연꽃 나무에게 물어보라고 했습니다. 그러면서 원천강에 가면 자신이 왜 집 밖으로 나가지 못하고 글만 읽고 있는지 그 이유를 알아봐 달라고 부탁했습니다.

오늘이는 걷고 또 걸어 연꽃 나무를 만나 원천강에 가는 길을 물었습니다. 나무는 푸른 바다 모래밭에 살고 있는 커다란 뱀에게 물어보라고 했습니다. 그러면서 왜 맨 윗가지에만 꽃이 피고 다른 가지에 꽃이 피지 않는지 그 이유를 알아봐 달라고 했습니다.

오늘이는 걷고 또 걸어 뱀을 만나 원천강에 가는 길을 물었습니다. 뱀은 바다 건너 매일 글 읽는 아가씨에게 물어보라고 했습니다. 그러고는 오늘이를 태워서 바다를 건너게 해 주었습니다. 뱀은 오늘이랑 헤어지면서 다른 뱀들은 여의주가 하나만 있어도 용이 되는데 자신은 여의주가 세 개나 있는데 왜 용이 되지 못하는지 그 이유를 알아봐 달라고 했습니다.

오늘이는 걷고 또 걸어서 글 읽는 아가씨를 만나 원천강에 가는 길을 물었습니다. 아가씨는 우물 옆에서 울고 있는 선녀에게 물어보라고 했습니다. 그러면서 자신의 이름은 매일이라고 하는데 자신은 왜 집 밖으로 나가지 못하고 매일 글만 읽고 있는지 그 이유를 알아봐 달라고 했습니다.

오늘이는 걷고 또 걷다가 우물 옆에서 울고 있는 선녀를 보고 왜 울고 있는지 물었습니다. 선녀는 우물의 물을 다 퍼야만 하늘로 올라갈 수 있는데 바가지 때문에 물을 퍼낼 수 없다고 했습니다. 오늘이가 바가지를 살펴보니 선녀의 바가지에는 구멍이 뚫려 있었습니다. 오늘이는 바가지의 구멍을 메워 주었습니다. 그리고 선녀에게 원천강에 가는 길을 물었습니다. 선녀는 고마운 마음에 오늘이를 원천강에 데려다주었습니다. 그런데 원천강을 지키고 있던 문지기가 살아 있는 사람은 원천강에 절대로 들어갈 수 없다며 막았습니다. 오늘이는 눈앞이 캄캄해져서 주저앉아 울며 들어가게 해 달라고 부탁했습니다. 오늘이의 부탁이 너무 간절해서 문지기는 원천강에 들어가게 해 주었습니다. 오늘이는 원천강의 신관과 선녀에게 부모님을 찾으러 오게 된 이야기를 했습니다. 신관과 선녀가 오늘이를 안아 주며 말했습니다.

"우리가 네 부모란다. 네가 태어났을 때 옥황상제가 우리에게 원천강을 지키라고 해서 우리 대신에 학이 너를 보살피게 했단다."

부모님은 오늘이에게 원천강을 구경시켜 주었습니다. 원천강의 높은 담에는 4개의 문이 있는데 이 문 안에는 사계절이 들어 있었습니다. 원천강은 사계절이 시작되는 곳이었습니다. 오늘이는 부모님과 함께 행복한 시간을 보냈습니다. 하지만 오늘이는 인간 세상에서 왔기 때문에 원천강에 오래 있을 수 없었습니다. 오늘이는 원천강을 떠나기 전에 도령, 나무, 뱀, 아가씨에게 부탁 받은 일을 부모님에게 물었습니다. 부모님은 답을 알려 주었습니다.

오늘이는 돌아오는 길에 매일이를 만났습니다.

"아가씨처럼 글을 읽는 도령을 만나면 행복하게 살게 된대요."

매일이는 오늘이와 함께 도령을 만나러 가기로 했습니다. 오늘이는 길을 가다가 뱀을 만나 여의주를 하나만 가지고 있어야 용이 될 수 있다고 알려 주었습니다. 뱀은 가지고 있던 여의주 두 개를 오늘이에게 주었습니다. 그러자 뱀은 곧바로 용이 되어 하늘로 올라갔습니다. 오늘이는 연꽃 나무를 만나 맨 윗가지에 핀 꽃을 다른 사람에게 주어야 한다고 알려 주었습니다. 연꽃 나무는 맨 윗가지에 핀 꽃을 오늘이에게 주었습니다. 그러자 가지마다 꽃이 피었습니다. 오늘이는 도령에게 매일 글 읽는 아가씨를 만나 결혼하면 행복하게 살 수 있다고 알려 주었습니다. 그러고는 매일이와 도령을 만나게 해 주었습니다. 두 사람은 결혼해서 행복하게 살았습니다. 오늘이는 백씨 부인을 찾아가 고맙다며 여의주 하나를 주었습니다.

그리고 오늘이는 한 손에는 여의주를 들고 다른 한 손에는 꽃을 들고 하늘로 올라가 사계절의 소식을 전하는 선녀가 되었습니다.

Today

There was once a girl who was looked after by a crane from the day she was born. Nobody knew who her parents were, when she had been born, or even what her name was. People called her "Today." One day, Today was missing her parents. And so she went to see Lady Baek, who was said to be the wisest of all, and asked her,

"I want to see my parents. Where are my parents?"

The lady said that Today's parents were very far away at Woncheongang River, and that she should go south to White Sand Village and find the young man who reads, and ask him how to get there.

Today walked and walked, and met the young man who reads, and asked him the way to the Woncheongang River. The young man told her to ask the lotus tree to the west. And he asked her, if she went to the Woncheongang River, to ask why he couldn't leave the house and could only read.

Today walked and walked, and met the lotus tree and asked it the way to the Woncheongang River. The tree told her to ask the large snake who lived in the sand of the blue ocean. And it asked her to find out why flowers only bloomed on its uppermost branch and not on its lower branches.

Today walked and walked, and met the snake and asked it the way to the Woncheongang River. The snake told her to ask the young woman across the ocean who read each day. And then it took Today on its back and gave her a ride across the ocean. As the snake parted with Today, it asked her to ask why it couldn't become a dragon even though it had three cintamanis, when other snakes became dragons with just one cintamani.

Today walked and walked, and met a young woman who read and asked her the way to the Woncheongang River. The young woman told her to ask the fairy who was crying beside the well. And then she said that her own name was Everyday, and asked Today to ask why she couldn't leave her house and could only read everyday.

Today walked and walked, and then she saw the fairy crying beside the well and asked why it was crying. The fairy said it could only go up to the heavens if it bailed out all the water in the well, but because of the bucket, it couldn't bail out the water. Looking at the bucket, Today saw that a hole had formed in it. She stopped up the hole in the bucket. And then she asked the fairy the way to the Woncheongang River. With a thankful heart, the fairy brought Today to the Woncheongang River. But the gatekeeper who was protecting the Woncheongang River stopped her, saying that a living person could never enter the Woncheongang River. Today felt hopeless and sank to the ground and cried, asking to be let in. Her request was so earnest that the gatekeeper let her into the Woncheongang River. Today told the heavenly minister and the fairy at the Woncheongang River the story of how she had come to find hugged parents. The heavenly minister and the fairy held her as they spoke.

"We are your parents. When you were born, the Great Jade Emperor ordered us to protect the Woncheongang River, so we had a crane watch over you in our stead."

Today's parents showed her around the Woncheongang River. Along a high wall, there were four doors, and inside of these doors were the four seasons. The four seasons began at the Woncheongang River. Today spent a happy time with her parents. But because Today had come from the human world, she couldn't stay long at the Woncheongang River. Before she left, she asked her parents everything that the young man, the tree, the snake, and the young woman had requested that she ask. Her parents told her the answers. On the way back, Today met Everyday.

"They said that if you meet the young man who reads like you, you'll live happily ever after."

Everyday decided to go with Today to meet the young man. As she went on her way, Today met the snake and told it that in order to become a dragon, it needed to have only one magic pearl. The snake gave two of the magic pearls it was carrying to Today. And then the snake soon turned into a dragon and rose up into the heavens. Today met the lotus tree and told it that it needed to give the flower that had bloomed on its uppermost branch to someone else. The lotus tree gave the flower that had bloomed on its uppermost branch to Today. And then flowers bloomed on each of its branches. Today told the young man that if he met and married the young woman who read every day, he could live happily ever after. And then she introduced them. The two people married and lived happily. Today went to find Lady Baek and gave her a magic pearl in thanks.

And then Today, holding a magic pearl in one hand and a flower in the other hand, rose up into the heavens and became a fairy who delivered news of the four seasons.

📖 Vocabulary

학	crane	푸다	to draw
부인	lady, wife	메우다	to stop up, to tamp
모래	sand	문지기	gatekeeper
도령	young man, bachelor	눈앞	in front of one's eyes
푸르다	to be blue, to be green	캄캄하다	to be dark
맨	most	신관	minister of heaven
가지	branch	옥황상제	the Great Jade Emperor
건너	across	곧바로	immediately
여의주	cintamani, magic pearl	전하다	to tell, to convey
용	dragon		

📝 Check the Contents!

❶ 오늘이는 부모님을 만나러 가는 길에 누구를 만났습니까?
Who did Today meet on the way to meet her parents?

❷ 오늘이는 왜 부모님과 오랫동안 함께 살 수 없었습니까?
Why couldn't Today live with her parents for a long time?

Appendix

Answers
Index

정답
ANSWERS

1 _____ **누렁소와 검정소**
❶ 누렁소가 일을 더 잘합니다.
❷ 검정소가 기분이 나쁠까 봐 작게 말했습니다.

2 _____ **삼 년 고개**
❶ 넘어지면 3년밖에 살 수 없기 때문에 이름이 삼 년 고개입니다.
❷ 여러 번 넘어지면 더 오래 살 수 있으니까 계속 넘어졌습니다.

3 _____ **훈장님의 꿀단지**
❶ 꿀을 먹었습니다.
❷ 자신의 행동이 부끄러웠기 때문에 아무 말도 할 수 없었습니다.

4 _____ **은혜 갚은 쥐**
❶ 쌀을 준비했습니다.
❷ 쌀을 준비해 준 농부에게 은혜를 갚기 위해서 춤을 추면서 집 밖으로 나갔습니다.

5 _____ **토끼의 재판**
❶ 호랑이의 약속을 믿었기 때문에 꺼내 주었습니다.
❷ 사람들이 나무를 마음대로 자르니까 잡아먹어도 된다고 말했습니다.

6 _____ **도깨비와 내기하기**
❶ 할아버지가 내기에서 이겼습니다.
❷ 죽을 때까지 잘 먹고 잘 살 수 있는 부자가 되는 것입니다.

7 _____ **신기한 탈**
❶ 일하라는 아내의 말이 듣기 싫어서 나왔습니다.
❷ 죽기 위해서 무밭에 갔습니다.

8 _____ **며느리 시험**
❶ 노인이 죽으면 아들이 많은 돈을 관리할 수 있을까 걱정했습니다.
❷ 첫날에 좁쌀 한 되로 밥을 지어 맛있게 먹었습니다.

9 _____ 혹부리 영감님
❶ 노래를 불렀습니다.
❷ 착한 혹부리 영감님의 혹을 얼굴에 붙이고 아무리 노래를 불러 봐도 좋은 노래가 나오지 않았기 때문입니다.

10 _____ 세상에서 제일 무서운 것
❶ 동물의 붉은 피입니다.
❷ 도깨비와 친해지면 도깨비가 되기 때문입니다.

11 _____ 금도끼 은도끼
❶ 보통 도끼입니다.
❷ 금도끼와 은도끼를 보고도 욕심을 내지 않았기 때문에 모두 주었습니다.

12 _____ 할머니 무덤에 핀 꽃
❶ 처음에는 반가워했지만 며칠이 지나자 할머니를 귀찮아했습니다.
❷ 할머니의 머리카락처럼 하얀 털이 있어서 할미꽃이라고 부릅니다.

13 _____ 요술 맷돌
❶ 얼마 안 남은 쌀로 죽을 끓였습니다.
❷ 바다에 빠진 맷돌에서 소금이 계속 쏟아져 나오기 때문입니다.

14 _____ 이상한 샘물
❶ 파랑새를 따라갔다가 샘물을 마시고 젊어졌습니다.
❷ 샘물을 너무 많이 마셔서 아기가 되었기 때문입니다.

15 _____ 나무 그늘을 산 총각
❶ 욕심쟁이 할아버지의 버릇을 고쳐 주어야겠다고 생각했기 때문입니다.
❷ 그늘을 산 총각이 그늘 아래에서 친구들과 시끄럽게 놀았기 때문입니다.

B1

---

16 _____ 거울을 처음 본 사람들
❶ 반달처럼 생긴 예쁜 빗을 사 오라고 했습니다.
❷ 거울 속에 보이는 얼굴을 다른 늙은 남자의 얼굴이라고 생각해서 거울을 던졌습니다.

17 _____ 개와 고양이와 구슬
❶ 개가 구슬을 입에 물고 있는 고양이에게 계속 말을 시켰기 때문입니다.
❷ 고양이가 할머니의 구슬을 찾아주었기 때문입니다.

18   호랑이와 곶감
❶ 엄마가 곶감을 주었기 때문입니다.
❷ 무서운 곶감이 자신을 죽이려고 한다고 생각했기 때문에 도망쳤습니다.

19   임금님 귀는 당나귀 귀
❶ 귀를 가릴 수 있는 왕관을 만들라고 했습니다.
❷ 말하고 싶었던 임금님의 비밀을 숲에서 실컷 소리를 지르면서 말했기 때문입니다.

20   청개구리 이야기
❶ 연못 옆에 만들었습니다.
❷ 비가 오면 연못 물이 넘쳐서 엄마 무덤이 없어질까 봐 걱정이 되어서 웁니다.

21   도깨비방망이
❶ 주머니에서 개암을 꺼내 물었습니다.
❷ 딱딱한 개암을 무는 소리를 집이 낡아서 무너지는 소리라고 생각하고 도망쳤습니다.

22   호랑이 등에 탄 효자
❶ 어머니께 드릴 고기를 샀습니다.
❷ 마을 사람들이 총각을 도와준 호랑이를 죽이려고 했기 때문에 호랑이를 샀습니다.

23   망주석 재판
❶ 마을 입구에 있는 망주석 옆에서 잃어버렸습니다.
❷ 사람들이 가져온 비단을 보고 비단 장수의 비단이 있는지 확인해서 비단 도둑을 잡으려고 했습니다.

24   신기한 항아리
❶ 물건을 넣으면 같은 물건이 계속 생기는 요술 항아리입니다.
❷ 원님의 아버지는 곶감이 항아리에 있는지 보다가 항아리에 빠졌습니다.

25   우렁이 각시
❶ 우렁이 각시가 밥상을 차려 주었습니다.
❷ 용왕님의 호리병 덕분에 내기에서 이길 수 있었습니다.

26   복방귀 뀌는 며느리
❶ 방귀를 참았기 때문입니다.
❷ 방귀 바람으로 나무에서 배가 떨어지게 해서 사람들이 가지고 있던 물건의 반을 받았기 때문입니다.

27 _____ **빨간 부채 파란 부채**
① 코가 길어집니다.
② 심심해서 코가 얼마나 더 길어지는지 알아 보려고 부채를 부쳤습니다.

28 _____ **해와 달이 된 오누이**
① 떡 하나 주면 안 잡아먹는다고 약속했습니다.
② 동생이 방법을 알려 주어서 도끼를 찍으면서 나무 위에 올라갔습니다.

29 _____ **금덩이를 버린 형제**
① 동생이 금덩이를 발견했습니다.
② 금덩이를 가지게 된 후에 나쁜 생각과 나쁜 감정이 생겼기 때문입니다.

30 _____ **내 복에 산다**
① 자기 복에 잘 산다고 말했습니다.
② 제값에 달라고 말해서 많은 돈을 벌었습니다.

B2

31 _____ **지혜로운 총각**
① 빌린 돈을 갚지 못했기 때문입니다.
② 총각을 먹여 주고 입혀 주고 재워 주는 것이 너무 귀찮고 힘들었기 때문입니다.

32 _____ **냄새 맡은 값**
① 5냥입니다.
② 10냥의 소리로 냄새 맡은 값 5냥을 냈기 때문입니다.

33 _____ **효성스러운 호랑이**
① 나무꾼이 호랑이에게 어릴 때 잃어버린 형이라고 말했기 때문입니다.
② 호랑이는 새끼 호랑이들과 함께 땅을 파고 어머니를 묻었습니다.

34 _____ **은혜 갚은 까치**
① 선비가 자신의 남편을 죽였기 때문입니다.
② 엄마 까치가 새끼들을 살려 준 선비에게 은혜를 갚기 위해 종을 쳤습니다.

35 _____ **견우와 직녀**
① 결혼한 후 점점 게을러져서 일은 안 하고 매일 놀기만 했기 때문에 화가 났습니다.
② 은하수에 다리를 놓아 주었습니다.

36 _____ 은혜 갚은 호랑이
❶ 입 안에 박힌 뼛조각을 빼 주었습니다.
❷ 나무꾼은 마음이 아팠습니다.

37 _____ 도깨비 감투
❶ 몸이 보이지 않습니다.
❷ 나무꾼이 감투의 구멍을 막을 때 사용한 까만 천이 보였기 때문입니다.

38 _____ 짧아진 바지
❶ 선비의 딸들이 진짜 효녀입니다.
❷ 선비의 세 딸들이 모두 한 뼘씩 아버지의 바지를 줄였기 때문입니다.

39 _____ 여우 누이
❶ 여우 누이가 죽였습니다.
❷ 하얀 물병, 파란 물병, 빨간 물병입니다.

40 _____ 노루가 된 동생
❶ 노루 발자국에 고인 물을 먹고 노루로 변했습니다.
❷ 동생의 눈물이 누나에게 닿는 순간 살아났습니다.

41 _____ 신기한 나뭇잎
❶ 사슴과 남자아이와 뱀을 구해 주었습니다.
❷ 노인의 잔소리가 듣기 싫어서 거짓말을 했습니다.

42 _____ 쑥과 마늘
❶ 하늘에 제사를 지냈습니다. 그리고 사람들에게 농사짓는 방법과 옷 만드는
   방법을 알려 주고 아픈 사람들의 병도 고쳐 주었습니다.
❷ 빛이 없는 동굴 속에서 쑥과 마늘을 먹으면서 100일 동안 살아야 합니다.

43 _____ 구렁덩덩 선비
❶ 조그맣고 귀엽다고 말했습니다.
❷ 허물이 타는 냄새를 맡았기 때문입니다.

44 _____ 토끼의 간
❶ 자기만 아는 장소에 숨겨 놓았다고 말했습니다.
❷ 산신령이 준 약을 먹고 나았습니다.

45 _____ 효녀 심청
❶ 인당수의 제물이 되었습니다.
❷ 마음이 착한 효녀이기 때문에 살려 주었습니다.

46 _____ **옹고집 이야기**
  ❶ 생김새, 말투, 행동까지 똑같은 가짜 옹고집을 만들었습니다.
  ❷ 조상님의 이름과 재산의 목록을 말하라고 했습니다.

47 _____ **흥부와 놀부**
  ❶ 박씨 하나를 주었습니다.
  ❷ 박씨를 받으려고 제비를 잡아 다리를 부러뜨렸다가 다시 고쳐 주었습니다.

48 _____ **바리공주**
  ❶ 일곱 번째 딸입니다.
  ❷ 버려진 아기가 구해 온 불사약을 먹어야 합니다.

49 _____ **콩쥐 팥쥐**
  ❶ 아버지가 걱정하실까 봐 사실을 말하지 못했습니다.
  ❷ 예쁜 옷과 꽃신입니다.

50 _____ **오늘이**
  ❶ 백씨 부인, 도령, 나무, 뱀, 매일이, 선녀를 만났습니다.
  ❷ 인간 세상에서 온 오늘이는 원천강에 오래 있을 수 없기 때문입니다.

색인
INDEX